「任那《みまな》」から読み解く古代史

朝鮮半島のヤマト王権

大平 裕

PHP文庫

○本表紙図柄＝ロゼッタ・ストーン（大英博物館蔵）
○本表紙デザイン＋紋章＝上田晃郷

はじめに

二〇一二年六月、朝鮮半島南部、慶尚南道《キョンサンナムド》、全羅南道《チョルラナムド》、全羅北道《チョルラブクド》、昔の地域名でいえば任那《みまな》（加羅《から》・安羅《あら》）を巡ってきました。

主な目的は固城《コソン》の松鶴洞《ソンハクドン》古墳（前方後円墳）、咸安《ハアン》（安羅）の任那（南加羅と喙己呑《とくことん》）奪還会議が催された高殿の跡、そして全羅南北道に散在する日本古来の前方後円墳一四基の調査でした。もう一つは、韓国西海岸辺山《ビョンサン》半島の突端にある竹幕洞《チュンマクドン》祭祀跡の発掘が進み、日本との関係を示す埋蔵品が世に出てきたので、竹幕洞祭祀跡まで足をのばすことでした。

竹幕洞祭祀跡で発掘された四世紀後半から六世紀にかけての鉄製武器、金銅製馬具、銅鏡、中国製陶器などの出土品、特に注目される石製模造品は、沖《おき》ノ島《しま》祭祀遺跡の出土のものと酷似していて、それらは倭《わ》国からもたらされたと考えられています。帰国後、世界文化遺産の指定を目指す福岡県が主催したシンポジウムで発表された、沖ノ島祭祀遺跡と竹幕洞祭祀跡の両方に関連する論文を目にするという、付録にまで恵まれました。

筆者はすでに前著『日本古代史　正解　渡海編』（講談社）で、（一）任那・加羅紀行、（二）任那と倭国の関係小史、について触れていますが、今回は、前著の内容をもう少し深く掘り下げたものとなっています。

戦後忘れ去られ、無視されてきた古代日本人の居留地、交易の中心地であり、半島中南部を軍事的に押さえる要衝の地でもあった任那（加羅・安羅）を、後世に伝える中継ぎの案内書を出すべき時がきたと判断しまして、本書を執筆することにしました。

任那（加羅・安羅）の一二カ国すべてを巡りましたが、それらは、豊かな土地のわりに、山々にさえぎられた狭隘《きょうあい》な村落の集まりでした。かつてそこに常時ではないものの倭人が居留し、新羅との有事の際には、大和へ出兵を乞わなければならなかったように、任那は一国としての体裁は最後まで整いませんでした。

『三国遺事《さいごくいじ》』（一二七五年編纂）によれば、駕洛国《から》が西暦四二年から一〇代五三二年まで存在していたことになっていますが、『三国史記』新羅本紀（一一四五年編纂）には最後の金仇亥《きんきゅうがい》の記録しかなく、また『南斉書《なんせいしょ》』加羅国伝には（南斉高帝の）建元元（四七九）年に、国王荷知《かち》が、遣使、朝貢を果たしたことしか残されていません。王統が一時断絶したり、倭国人系の王がとって代わって統治したり、有力国の王家が登場したのかもしれません。

われわれの先祖が二〇〇〇年近く前から玄界灘だけでなく、多島海、韓国の黄海《ファンヘ》の側でも、ことの是非はともかく雄飛し、国に豊かさと文化をもたらしたことをありがたく誇りに思います。事実・史実はけっして改変することなく後の世に伝え、判断の基にするべきです。

この点、日本の学者はこの地域に対する研究を怠り、またそれをよいことに、隣国の学者・研究者たちは考古学はともかく、文献学をまったく放棄し、自己流の歴史をつくりあげ、自己満足に陥っています。これが、私が任那（加羅・安羅）の歴史に手をつけたもう一つの理由です。

最後に、わが国の任那（加羅・安羅）研究は、江戸時代徳川光圀《みつくに》の下で編纂された『大日本史』はともかく、明治・大正と進み、昭和前中期には、ほぼ完成の域に達しているように思われます。先人たちの意欲、学識、朝鮮語を駆使した調査、活動など、それらの一端に触れるだけでも涙を禁じえませんでした。

平成二五年八月

大平　裕

序論

西暦四〇〇年頃、日本は朝鮮半島東西で大規模な戦争に主力として参戦し、百済《くだら》を高句麗《こうくり》から助ける一方、東海岸では、任那（加羅・安羅）とともに北上し、新羅《しらぎ》を攻略しています。日本の史上初の海外での大規模な戦争でした。北を燕《えん》国に押さえられ南下を決意した高句麗、その脅威を直接受ける新興の百済（近肖古王《きんしょうこおう》即位三四六年、この頃百済興る）、その百済を支援しながら任那（加羅・安羅）とともに新羅（これも新しく三五六年頃、奈勿《なこつ》王により興るとされています）を攻略し、その首都金城《クムソン》を占領する倭国といった、新羅との国境紛争をしていることがうかがえます。

百済、新羅は馬韓《ばかん》五四カ国、辰韓《しんかん》一二カ国といった小国群をまとめながら、ようやくそれぞれ三四六、三五六年頃、一つの国として東洋史に登場してきます。それほど古い国々ではありません。一方倭国は、百済・新羅にはるか先行し、『魏志倭人伝《ぎしわじんでん》』の記述にあるように、西暦二〇〇〜二四〇年当時には慶尚南道（朝鮮半島南東地域）沿岸部を「倭地」として管理しています。この地域のすぐ北方ないし周辺地の狗邪《くや》（伽耶《かや》・加羅《から》）韓国を傘下に、鉄資源の確保から、楽浪《らくろう》郡・帯方《たいほう》郡その他の地との交易をさかんに行っていたのです。

百済・新羅の事情はともかく、高句麗と倭国の直接対決の結果は、どうなったのでしょうか。当時高句麗王（第一九代在位三九一〜四一三）だった広開土王《こうかいどおう》の生涯を刻んだ石碑「広開土王碑（好太王碑）」が、中国吉林省集安《しゅうあん》市の鴨緑江《りょくこう》を望む畔《ほとり》に建てられています。当然のことながら碑文は、高句麗の領土を拡張した王の功績を示すために、連戦連勝をアピールしていますが、倭国とともに任那の国名（加羅・安羅）がハッキリと刻まれており、任那の国際的認知がくみ取れるのが印象的です。戦いは、

㈠倭軍・任那（安羅・加羅）による新羅の占領、首都（金城）の陥落と、高句麗軍の大反撃による倭国・任那連合軍の敗退

㈡西海岸ルートでは、倭軍・百済軍による高句麗の副都（平壌《ピョンヤン》）攻略と、高句麗の大反撃による百済・倭国連合軍の敗走

というように進行しました。

これらの記述によれば、倭軍はほぼ同時期に半島中南部の日本海側ラインと、黄海ルートと、二面作戦を敢行したことになります。また、西海岸ルートでは、倭軍・百済軍とも水軍が出陣していた可能性が大です。

もう一つ、広開土王碑が記す四大会戦は、三九九、四〇〇、四〇四、そして四〇七年に勃発《ぼっぱつ》していますが、五万の歩騎を繰り出す高句麗軍に対して、倭軍は玄界灘を南に海を渡って撤収することなく、軍船、兵士とも外地での駐屯を維持しつつ、次の会戦に備えていたことがわかります。このことは当時の倭国が全国統一を成し遂げ、行政制度の整備を一応終え、半島雄飛の時代を迎えていたことを示しています。そして四大会戦の帰趨《きすう》はどうだったのでしょうか。

ここで、広開土王碑に書かれていない記録を、四点取り上げてみましょう。

（一）『日本書紀』応神《おうじん》天皇紀には、

二八年、秋九月、高麗王が、使を〔派〕遣して朝貢した。そして上表した。その〔上〕表〔文〕は、「高麗王が、日本国に教える」とあった。太子ウジノワキイラツコは、その表を読んで怒り、高麗使を、表の形が無礼だと責め、そくざにその表を破った。

二八年とありますが、『三国史記』百済本紀との照合の結果、応神天皇二(三九一)年に相当します。この記事は倭軍の三九〇年の渡海、新羅・百済の占領に(高句麗王として)抗議して、撤兵を求めたものと解釈できます。倭国側の太子ウジノワキイラツコ(宇治稚郎子)尊《みこと》は、応神天皇の最愛の皇子で、後の仁徳《にんとく》天皇(大鷦鷯《おおさざき》皇子)など年長の皇子たちを退《しりぞ》け太子になった人物です。

(二)『三国史記』百済本紀に、「六年(三九七)夏五月、王は倭《わ》国と好(国交)を結び、太子の腆支《てんし》を人質とした」とあります。百済は大和朝廷との関係が深く、多くの太子が即位前に人質として大和朝廷に出されています。この太子腆支は、四〇五年、倭国より帰国後即位し、四二〇年まで在位しています。

(三)『三国史記』新羅本紀に、「元年(四〇二)三月、倭国と国交を結び、奈勿王の王子未斯欣《みしきん》を人質とした」とあります。同王子は四一八年まで大和に人質として滞在しますが、第二回の会戦の後の人質、倭軍・任那〔加羅・安羅〕を大敗させた後のことで、大きな意味がありそうです。倭軍、任那〔加羅・安羅〕の反攻で、再び窮地に立ち人質を送らざるをえなくなったのか、高句麗軍が北方の燕軍を警戒して新羅から撤収し——新羅の地に再び軍事的空白が生じてしまったか、です。

(四)高句麗使節団の大和入りです。『日本書紀』仁徳天皇紀に、

一二年、秋七月三日、高麗国が、鉄の盾、鉄の的を貢〔上〕した。八月一〇日、高麗の客を朝〔廷〕で饗〔応〕した。この日、群臣および百寮を集め、高麗が献じた鉄の盾、的を射させた。諸人は的を射通すことができなかった。的臣《いくはのおみ》の祖である盾人宿禰《たてひと》だけが、鉄の的を射通した。高麗の客たちが見て、その射のすぐれて巧みなのにおそれいり、いっせいに起〔立〕して拝朝した。翌日、タテヒト宿禰をほめ、名を賜い的《いくは》の戸田《とだ》宿禰といった。同じ日、小泊瀬造《おはつせのみやつこ》の祖である宿禰臣《すくねのおみ》、名を賜い賢遺臣《さかのこり》とい

った。

高句麗との最後の会戦は、四〇七年のことでした。その直後の高句麗使の大和入りです。誰が考えても高句麗からの講和の申し入れでしょう。使節団が大和から平壌に出向いたのではなく、高句麗側からやってきたのです。一五年にわたる高句麗と倭国の戦争の結末は、五分五分ないし、倭国にやや有利な終戦となったのではないか、というのが筆者の結論です。

否定された碑文改竄説

ところが、この広開土王碑については、一九七二年、在日の学者李進熙《リジンヒ》が、これまでの碑文の解釈・解読にたいして、とんでもない異論を唱え、学界は大騒ぎになりました。この碑文は、一八八四年、旧日本軍参謀本部の酒匂景信《さこうかげのぶ》が入手したものですが、近代日本の朝鮮半島進出を正当化するため、都合がいいように、旧陸軍が拓本を改変したというのです。実物の検証ができない当時、彼の突飛な意見を否定することはできませんでした。そのため研究は、四〇年近くにわたり停滞せざるをえなくなりました。

しかし、二〇〇六年四月一四日の読売新聞（朝刊）に、「好太王碑最古の拓本発見……改竄論争に終止符」という、センセーショナルな記事が掲載されました。古代日本の朝鮮半島進出を記録した、中国吉林省の好太王碑最古の拓本が中国で発見され、倭国（日本）との関係を示す記述が、旧日本軍の入手した拓本と一致することが、中国社会科学院教授である徐建新《じょけんしん》の研究で判明したのです。これによって、一九七〇年代以来論争が続いてきた、旧日本陸軍が碑文の内容を書き換えたとする碑文改竄説は、成立しないことが確定しました。

徐建新は、東アジア各国に散在する約五〇種の拓本を確認する作業を続け、二〇〇六年、それまで最古とされていた酒匂入手の拓本より古い一八八一年作成の拓本を、北京のオークションで発見したのです。それを酒匂拓本とともにパソコンに取り込んで比較したところ、意図的な書き換えの痕跡はないことが判明したのです。その成果は『好太王碑拓本の研究』（東京堂出版）に発表されました。徐建新は、「これで、皇国史観からも、軍の関与を証明するための研究からも脱却し、好太王碑が四～五世紀の東アジア史を解明する純粋な歴史資料として位置づけられるだろう」と、自らの研究意義を強調したと記事は伝えています。これで、李進熙による改竄問題は一件落着しました。彼の民族感情むき出しの反日史観は、植民地支配への贖罪《しょくざい》観を抱いている日本人学者たちを攻撃しました。長い間広開土王碑研究にブレーキをかけてきた悪しき学者の例といえるでしょう。

日本の教科書にも載っていない

一方、日本の歴史に関する概説書、高校生用教科書などは、古代日本の海外での一大展開、広開土王碑、そして任那（加羅・安羅）などを、どのように取り上げ、一般人、高校生にどのように伝えているのでしょうか。いずれも山川出版社の『詳説日本史B』『新日本史B』を見てみましょう。

まず感じるのは、戦後の左翼の風潮におもねり、わが国の「国史」である『日本書紀』のごく一部をつまみ食いしているだけで、ほとんど無視していることです。両書では、応神天皇と仁徳天皇の名称については、

・羽曳野《はびきの》市の誉田御廟山《こんだごびょうやま》古墳（現応神陵）

・堺市百舌鳥《もず》古墳群大仙陵《だいせん》（現仁徳陵）
と、「陵」の名称から、さりげなく流用しているだけで、偉大と思われる二人の天皇の業績について触れることは、故意に避けています。どのような意味で応神天皇、仁徳天皇と呼んではいけないのでしょうか。さらに、「五世紀初めが渡来人の第一の波で、王仁《わに》・阿知使主《あちのおみ》・弓月君《ゆづきのきみ》（西文氏《かわちのふみうじ》・東漢氏《やまとのあやうじ》・秦氏《はたうじ》の祖）は、応神《おうじん》天皇の時に渡来したと『記紀《きき》』は伝えている」（『新日本史B』）と、記述していますが、この項は宇治稚郎子皇子が師事する王仁についてて、応神天皇が相応しい人物なのかを阿知使主に尋ねていることが中心で、いわゆる一二〇人の人夫を率いて渡来云々《うんぬん》に重きを置いている話だけではありません。

西暦も四〇〇年を過ぎますと、これより永く使われることになる元嘉暦《げんかれき》（南宋での施行期間四四五〜五〇九年）が允恭天皇の末年四五一年に招来され、『日本書紀』にも紀年の導入がされてきます。この元嘉暦によって、はじめて紀年が『日本書紀』で使用されることになったのが安康《あんこう》天皇からです。安康天皇は、第二〇代の即位で、即位四五四年、在位三年、四五六年崩御ということがハッキリと立証されます。

四世紀後半から五世紀のわが国の社会・軍事・外交面での情況ですが、女帝でもあった神功《じんぐう》皇后の業績を引き継ぎ、内政・外交・軍事面などをはじめ、大和を統治していたのは応神天皇と仁徳天皇でした。二人は安康天皇にとっては直系の祖父であり父でありました。この短い三世代に加え次の史料、

(一)『三国史記』百済本紀と『日本書紀』の年代の一致が見られ、応神天皇の即位が西暦三九〇年とみなされること。

(二)『古事記』の最古の写本に記された歴代三〇天皇のうち、一五名についての崩年干支《ほうねんかんし》が記載されており、応神天皇の崩年が三九四年と記載されていること。

(三)この崩年干支がいわゆる「倭の五王」の南朝への朝貢年とうまく合致し、四一三年、四二一年、四二五年（仁徳天皇による朝貢）、四三八年（反正《はんぜい》天皇による朝貢）、四四三年、四五一年（允恭《いんぎょう》天皇による朝貢）といったように、矛盾が生じないこと。

(四)広開土王碑という稀有《けう》な金石文、高句麗使の二度にわたる大和入りを示す『日本書紀』の記事。

などによって、本書巻末の年表ができあがりました。

その間の年代の差はわずか五〇〜六〇年のことで、現在の明治・大正・昭和ではありませんが、すべてが記憶の範囲内に収まっていただろうと、筆者は確信しています。

具体的な人名、とくに天皇名を挙げえない学者たち、年代を特定できない研究者たち、そして五二七年筑紫《つくし》の国造《くにのみやつこ》「磐井《いわい》の乱」を、『詳説日本史B』では取り上げていますが、これは任那の失地回復に向かった近江毛野臣《おうみのけののおみ》の軍を、個人的な恨みから妨害し、戦いとなったもので、磐井と新羅が連合したとか、大和政権に大打撃を与えたというのであれば、磐井の息子を放免してやることなどありうるでしょうか。いずれにせよ、国造の磐井を古代史の最重要人物として扱うのは、見識が疑われます。

最後に触れたいのが『日本書紀』の重要性です。戦前、『古事記』『日本書紀』を批判し、否定しつづけてきた津田左右吉《そうきち》は、『古事記』『日本書紀』が天皇家を正統化するために、七世紀前半頃に造作されたものと断定したことから、戦後日本の歴史学、とくに古代文献学が消滅し、『古事記』『日本書紀』が単なる神話・物語の範疇《はんちゅう》に追いやられてしまったのです。戦後日本の古代史学者たちは左翼思想にのっとり、津田が昭和一七年に天皇冒瀆《ぼうとく》による罪に問われ（ただし執行猶予）たのを奇貨《きか》として、津田のかたよった学説に連なってしまったのです。

本書を読んでいただければわかりますように、『日本書紀』抜きの任那（加羅・安羅）史は成り立ちません。任那の隣国である百済・新羅が何も記録を遺さなかったことは、彼らの国自体の成り立ちが遅く、したがって任那の領域に達するまでに時間を要したとしか考えられません。『日本書紀』欽明《きんめい》天皇紀には、任那、日本府という文言がたくさん使われています。

欽明天皇二年から一五年（百済の聖明王《せいめいおう》が薨去《こうきょ》）までの一三年間だけでも、任那は一二九回（以下用例――任那の旱岐《かんき》ら、任那の国、任那復興、任那の執事、任那の日本府など）、日本府は三二回（以下用例――日本府の執事、日本府の卿《かみ》、日本府の臣《まえつきみ》、日本府の政務、日本府の印岐弥《いきみ》、日本府の吉備臣《きびおみ》など）、任那の日本府は四回、安羅の日本府は二回と、これだけの任那・日本府といった用語が使われています。日本府については、他にも「安羅の倭臣《やまとのまえつきみ》」といった用例もあります。「倭府《やまとのみこともち》」と呼んでいた「任那」については、用例から伽耶・加羅諸国をたばねる存在だったことが分かります。辰韓の一二カ国は統合されて新羅となりましたが、残った一二カ国を、弁辰（弁韓）イコール任那と解釈することができるのではないでしょうか。

これら任那という総称や日本府（倭府）といった文言は、任地で倭人が使っていたものなのでしょう。しかし、後述のように百済の聖明王が、自身でも口にしたので、重臣以下の百済人もまた使用していたのではないでしょうか。

前著でも述べたように、朝鮮古代史研究の第一人者である田中俊明《としあき》は、『大加耶連盟の興亡と「任那」』（吉川弘文館）のなかで、「任那」という言葉について、「……朝鮮半島南部に対する地域呼称であり、かつそこにはいまもなお、古代日本の統治の対象の地であったというニュアンスを含んでいる。（中略）現になおそのような語感をもつ『任那』という語を、古代の日朝関係を叙述するうえで、使うべきではないと考える」と、述べています。田中氏は任那という言葉が侵略的ニュアンスがあるとか、かつての統治の対象であったことを思い遠慮しましょうとか、何というおひとよしで、隣国におもねった言い方をされるのでしょうか。本書の最後まで目を通された読者の方々は、どのように思われますでしょうか。

「任那《みまな》」から読み解く古代史◎目次

第一章　多島海（半島）と黄海に雄飛した倭の国

第二章

任那の前方後円墳

第三章

任那小史——その呼称の出典から

第四章 任那の日本府

第五章

任那の衰退と復興会議

第六章

任那の調

——滅亡してなお倭国、百済、新羅を翻弄し続けた任那

付章

任那諸国と関連する地名

本文デザイン◎印牧真和

第一章

多島海（半島）と黄海に雄飛した倭の国

一世紀から大陸と交易していた〝日本人〟

古代の日本人、倭人《わ》は、現在のわれわれが想像する以上の航海民族でした。紀元前二、三世紀、かれらは『三国志』弁辰伝が伝える弁辰・弁韓一二カ国の一つ、狗邪《くや》韓国（伽耶・加羅）を橋頭堡《きょうとうほ》に、楽浪・帯方郡から中国本土への通交を重ねていました。朝鮮半島南部のこの地には、鉄を中心とする通商が拡大するにつれ、倭の居留民が増え、この地を総称する「任那の地」となっていきました。

それ、楽浪〔郡〕の海のなかに倭人が住んでいて、分かれて百余の国をつくり、毎年〔楽浪郡に〕使者を送り、献見しているとのことである。

（『漢書』地理志）

少なくとも前漢（前二〇二年～八年）の時代、朝鮮半島北部の楽浪郡（平壌）

には、倭を含む数々の国が毎年使者を出していたことが判明しています。また、続く新《しん》の王莽《おうもう》の時代（八〜二三年）にも、次に示すように倭国としか考えられない東夷《とうい》の王が海を渡って祝賀にやってきたことが記されています。

莽は国内を太平にした後、北方に匈奴を教化し、東方に海外の民を招致し、南方に黄支《こうし》国を手なずけたが、ただ西方にはまだ何ら手をさしのべていなかった。（中略）奏上して言った。「太后が大統を掌握されてから数年でありますのに、恩沢はひろくあふれ、和気は四方に満ちて、絶域の風俗を異にする人たちも、わが正義を慕わないものがおらなくなりました。越《えつ》裳《しょう》氏は通訳を重ね来たって白雉を献上し、黄支の民は三万里の遠方から活《い》きている犀《さい》を貢物としてもたらし、東夷の王は大海を渡って国の珍宝をたてまつり、匈奴の単于《ぜんう》は礼楽の制定作興に順《したが》い、二字名を忌《い》んでやめました。いま西域の良願らもまた土地もろとも臣属しました」。（『漢書』列伝Ⅴ）

そして後漢（二五〜二二〇年）の時代の記述です。

倭は、韓の東南方の大海の中にあって、〔人々は〕山の多い島に居住しており、すべてで百余国〔になる〕。〔前漢の〕武帝（在位前一四一―前八七年）が〔衛氏〕朝鮮〔王朝〕を滅ぼした（前一〇八）後、通訳を連れた使者を漢に通わせた国は、〔そのうち〕三十ばかりである。（中略）

〔後漢の光武帝の〕建武中元二年（五七）、倭の奴国《な》〔王が遣使して〕貢物を奉り朝賀した。使者は大夫《たいふ》と自称した。〔奴国は〕倭の最南端の国である。光武帝は〔奴国王に〕印綬を与えた。安帝の永初元年（一〇七）、倭国王帥升《すいしょう》らが、生口百六十人を献上して、皇帝の接見を願い求めた。

（『後漢書』倭伝）

有名な卑弥呼《ひみこ》の時代に先立って、すでに倭の国は、奴国王《なこく》、倭国王と二度にわたって後漢朝に公式訪問しています。

一方、北方の高句麗を除く朝鮮半島の馬韓五四カ国余、辰韓一二カ国余の国々は、大陸と地続きでありながら、歴史上、登場するのは遅く、西晋《せいしん》（二六五〜三一六年）の初め、二七六年のことでした。

念のため、おおまかな位置関係を説明しておきますと、おおむね現在の北朝鮮から中国吉林省にかけてのあたりが高句麗、韓国の西側が馬韓、東側で日本海に面しているのが辰韓、南の対馬海峡に面しているのが弁韓ということになります。

楽浪郡（平壌近郊）まで、遠くても襄平《じょうへい》（現在の中国遼陽市《りょうようし》）まで陸路で行けるのですから、馬韓や辰韓の人々が交易をしていれば、必ず記録に残っているはずですが、三世紀まで出てきません。倭人、倭国のアプローチに遅れること、三〇〇年です。

なぜ韓人（馬韓・辰韓人）たちの対外的覚醒は、こんなにも遅れてしまったのでしょうか。二つの要因があると思います。

㈠小国分立であった馬韓のなかでも大国であったはずの伯済国《はくさい》（後の百済国）も成長が遅れ、三一三年の高句麗による楽浪郡攻勢に呼応する帯方郡攻撃でも、いまだ伯済国の名は出てきません。地域名・民族名である馬韓しか記録されていません。

(二)ようやく馬韓北部がまとまり、百済として国の形をなしてきたのは四世紀、近肖古王《きんしょうこ》（在位三四六～三七五）の即位と、三七二年の東晋への朝貢のあたりからです。同様に辰韓では、新羅が一頭地抜きんでてきて、奈勿尼師今《なこつにしきん》（在位三五六～四〇二）三八一年に苻《ふ》氏の秦国（前秦）に、遣使を果たしています。

こうした状況を横目に見ながら、航海術に長《た》けた倭国・倭人は、大陸の中国本土まで足を伸ばしていました。朝鮮半島南部の多島海海域、そして半島南部の西海岸（黄海）海域は、倭の船、弁辰・弁韓（後の加羅・任那）の船が行き交っていたのです。

朝鮮半島の前方後円墳

一九八〇年代、朝鮮半島南西部の全羅北道、全羅南道、とくに南道の栄山江《ヨンサンガン》

図1-1　栄山江流域の前方後円墳

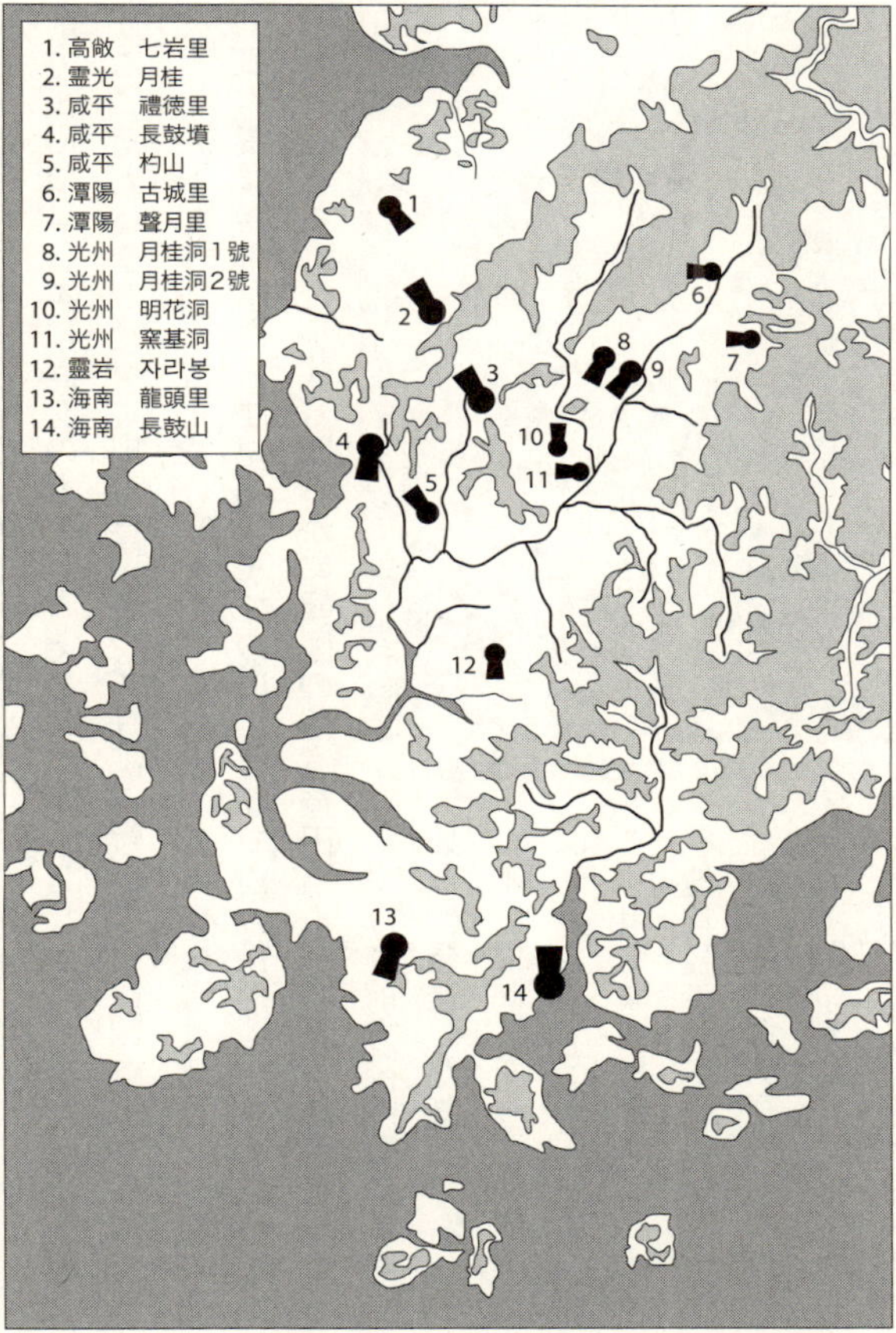

北郷泰道ほか著『海を渡った文化』（鉱脈社）より

沿いに一四基の前方後円墳が次々と発見されました（図1－1）。
前方後円墳は日本に固有のものと考えられてきましたから、当初は韓国の学者がここぞとばかりに、「前方後円墳の発祥地は韓国で、倭国へ伝えられたものだ」と声高に主張しましたが、その主張もほどなく破綻しました。何故ならば、日本では岩手県から鹿児島県までの広い範囲で前方後円墳が多数見つかっており、造営された年代も明らかに韓国の前方後円墳より古かったからです。

図1-2　竹幕洞祭祀遺跡と沖ノ島の位置関係

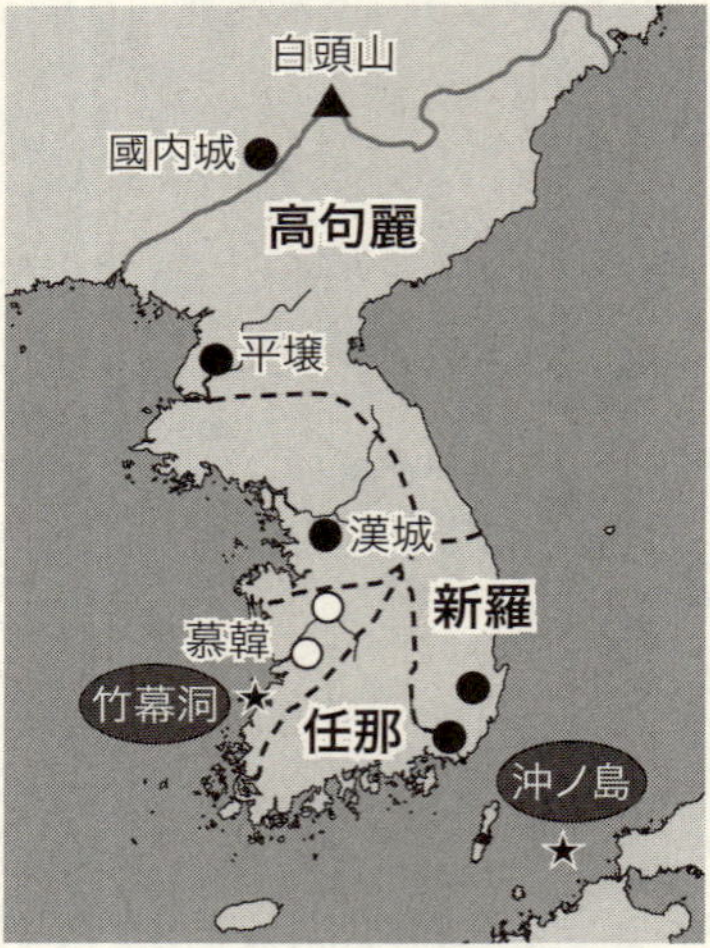

高慶秀著「韓国における祭祀遺跡・祭祀関連遺物」より

やはり前方後円墳は日本で独自に発達した墓制であり、日本（倭国）から、朝鮮半島に伝わったものだったのです。現在は被葬者を巡って①在地首長説、②倭人説（移住者説、倭系百済官僚説）に分かれて論争が続いています。後ほど詳しく述べますが、

竹幕洞を望む

朝鮮半島で前方後円墳が見つかった地は、『日本書紀』が記す任那（己汶《こもん》、帯沙《たさ》、娑陀《さだ》、上哆唎《おこしたり》、下哆唎《あるしたり》、そして牟《む》婁《ろ》の六県）の地なのです。任那の地をめぐっては、その存在に言及することすらタブーとされる風潮がありましたが、史実を政治的な理由で曲げてはならないと思います。

さらに一九九〇年代に入ると、韓国の西海岸、辺山半島先端の絶壁の上から竹幕洞祭祀跡が発掘され、大規模な海上祭祀跡であることがはっきりしてきました。これを韓国の学者は、百済ないし百済・倭・大陸王朝の三者による、海上安全祈願の国際祭祀場であると主張していますが、この主張には大きな疑問符がつきます。というのも、遺物の多くが四～六世紀（三〇一～五九〇年代）にかけてのものなのです。

百済が高句麗に敗れ、漢江《ハンガン》南岸（ソウル）から忠清南道《チユンチヨンナムド》の熊津《ゆうしん》（公州《コンジユ》）へ遷都したのが四七五年です。同国の国家的祭祀の場所が、自国の管轄外である馬韓（慕韓）と任那の地に近い沿岸で執り行われるはずがありません（図1－2、前ページ・写真）。もしこの遺跡が百済の国家的祭祀場であるとすれば、知日派で倭国の政情を知り尽くした武寧《ぶねい》王（在位五〇一～五二三）の治世半ばから次の聖明王（在位五二三～五五四）にかけてのものであるはずです。それ以降の百済は、また高句麗の再南下の攻勢にさらされ、海上での祭祀どころではなくなるからです。

一方、倭国は、消長はあるものの六〇〇年以降の遣隋使、六六三年の白村《はくすきの》江《え》の戦い、六三〇年から六六九年までの九回におよぶ遣唐使などが、この海上祭祀場を目にしながら、百済の都、そしてさらに北上して黄海、渤海湾を横断し、山東《さんとう》省の登州を経由して建康《けんこう》（現在の南京）へと向かっていました。

海上交通ルートの確立

古代、倭国から朝鮮半島への要衝となっていたのが、玄界灘のほとんど中央に位置する沖ノ島です。島全体が御神体とされる宗像《むなかた》大社の神領で、現在も一般人の上陸が許されるのは一年に一日のみ、かつ女人禁制という伝統の島です。

この島について、『宗像大社・古代祭祀の原風景』(正木晃著、NHKブックス)のはしがきには、次のように簡明に説明されています。

荒海で名高い玄界灘の真ん中に、神々しい姿の小さな島が浮かんでいる。それが、沖ノ島である。

この絶海の孤島では、縄文前期(六〇〇〇～五〇〇〇年前)にニホンアシカの再生を祈る宗教儀礼が始まって以来、五〇〇〇年以上にわたって、祭祀がいとなまれ続けてきた。

この間、四世紀の後半には、沖ノ島の祭祀をつかさどる宗像氏の協力を得て、派遣使節の航海安全を祈願する大和政権の国家祭祀が開始され、遣隋使や遣唐使の段階をへて、のちには国土防衛の目的も加わりながら、一〇世紀まで継続した。

その後も、民間祭祀は絶えることなく、いまもなお、日本最大の海洋漁労文化の祭典といわれる「みあれ祭り」が、毎年、盛大におこなわれている。このような事例は、日本国内はもとより、世界中を見わたしても、他にもとめがたい。

しかも、沖ノ島には、古代祭祀の遺跡が、岩上／岩陰／半岩陰・半露天／露天の各段階ごとに、千数百年の歳月を超えて歴然と残り、祭祀の内実をいまに伝える膨大な遺物が出土している。そのレベルの高さは、八万点が国宝に指定されているという事実に明らかだ。したがって、沖ノ島およびその祭祀をつかさどっていた宗像氏・宗像大社を抜きにして、古代祭祀を語ることは、絶対に不可能といっていい。（図1－3、1－4）

図1-3　沖ノ島の位置関係

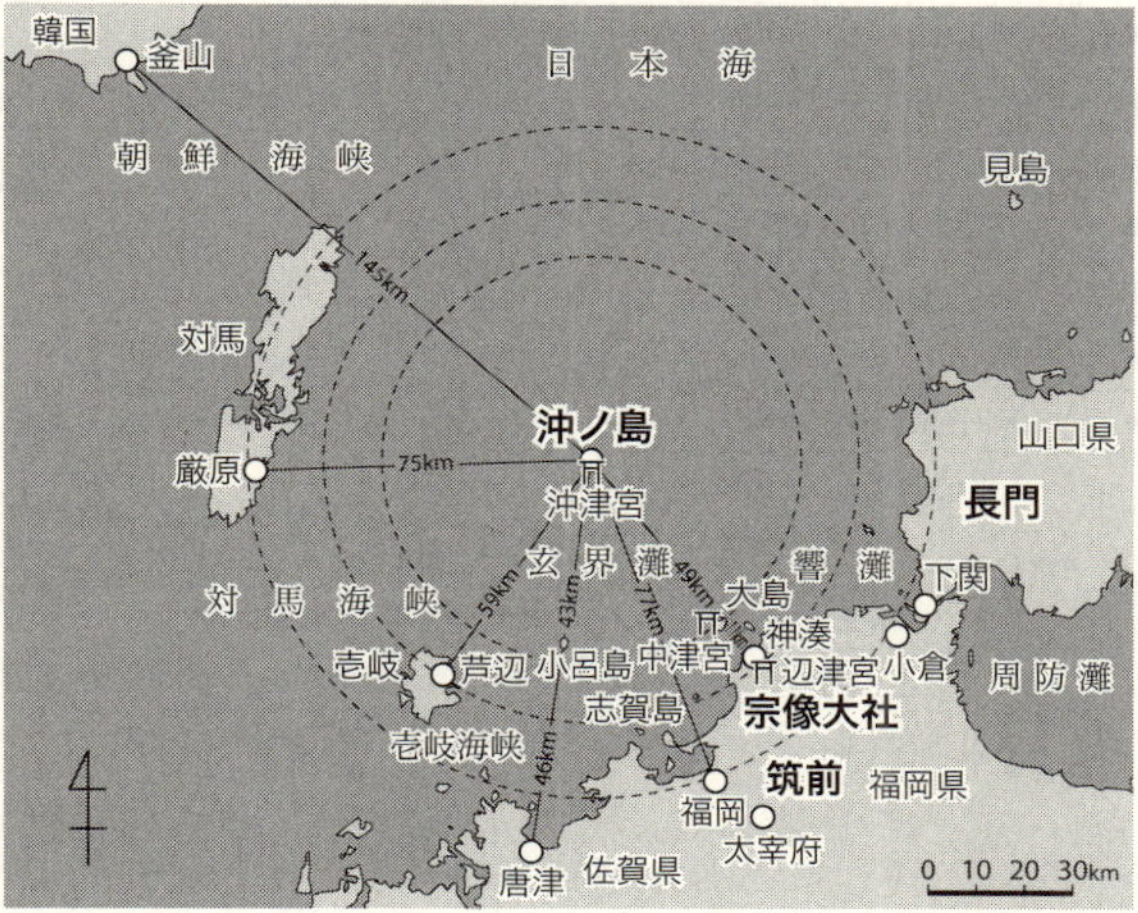

図1-4　沖ノ島全図

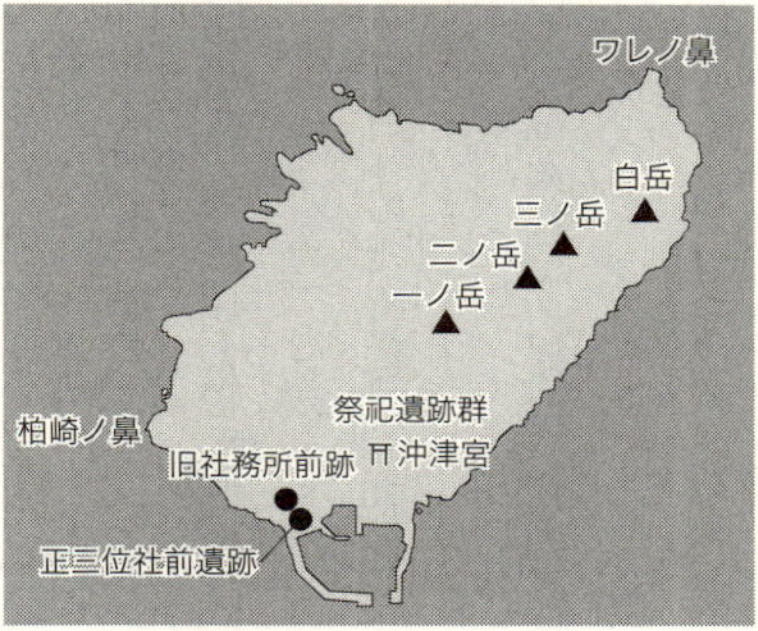

正木晃著『宗像大社・古代祭祀の原風景』(ＮＨＫブックス)より

表1-1　先古からの沖ノ島への往来

●縄文前期（6000～5000年前）	北九州沿岸（遠賀川流域）より
●　〃　中期（5000～4000年前）	〃　　　及び瀬戸内より
●　〃　後期（4000～3000年前）	渡来途絶
●　〃　晩期（3000～2300年前）	北九州沿岸より
●弥生前期（前300～前100年）	弥生式土器（少数）北九州系
●　〃　中期（前100～後50年）	〃　　（中量）瀬戸内系
●　〃　後期（後50～後250年）	〃　　（大量）対馬・壱岐・半島系

Ⅰ	古墳時代	①（岩上祭祀）	350～500年	輸入・国産鏡、鉄鋌、滑石製品、装飾品など
		②（岩陰遺跡）	500～600年	武器、馬具、装飾品
Ⅱ	律令時代	①（半岩陰・半露天）	650～750年	金属製雛形品、人形、唐三彩、土器
		②（露天）	700～900年	土器、滑石製形式、皇朝銭など

よくここまで調査できたと思われるくらいに、時代ごとに倭国から沖ノ島への往来が判明しています（表1－1）。

往来は卑弥呼（筆者は天照大神《あまてらすおおみかみ》に比定）の時代まで続き、その後は倭国の半島進出が急となり、兵船、兵員、乗組員の安全祈願のため儀式が朝廷へ移行、大規模なものとなっていきます。

この『宗像大社・古代祭祀の原風景』ではまったく触れられていませんが、古墳時代（岩上祭祀《がんじょうさいし》）の最盛期の、朝鮮半島と倭国の出来事を以下に列記します。

・三六四年夏四月……倭兵が大挙して

侵入してきた。吐含山《とがんざん》（慶州《キョンジュ》市東南）と斧峴《ふけん》（迎日《ヨンイル》湾、浦項《ポハン》市対岸）に伏兵を置き、これを撃退した。（『三国史記』新羅本紀）

・三九一年（辛卯）……倭がこの年に海を渡り百済と新羅を臣民とする。（広開土王碑）

・三九三年夏五月……倭軍が侵入して金城を包囲した。決戦を望む将軍達に対し、王は「いまは賊軍が舟を捨てて内陸深くはいり込んで、いわゆる死地にいるので、その鋒先は防ぐことができない。持久戦に持ち込むべし」と言った。（『三国史記』新羅本紀）

・三九九年（己亥）……百済は高句麗との約を違え、倭を通じ平壌に来攻。一方、新羅より急便あり。倭人国境に満つと。（広開土王碑）

・四〇〇年（庚子）……新羅救援のため五万の兵を派遣。倭兵城中に満つ。倭兵を討つ。（広開土王碑）

・四〇四年(甲辰)……倭、不軌（無法）にも帯方郡（黄海道《ファンヘド》）に侵入。（広開土王碑）
・四〇五年夏四月……倭兵が侵入して明活城を攻めたが勝つことはできなかった。（『三国史記』新羅本紀）
・四〇七年(丁未)……五万の兵を率い（倭と）戦う。鎧鉀《がいこう》一万余を残し敗走。（広開土王碑）
・四三一年夏四月……倭兵が侵入して明活城を包囲したが、得るところなく退却した。（『三国史記』新羅本紀）
・四四四年夏四月……倭兵が一〇日間も金城を包囲し、食料が尽きたので引き揚げようとした。王はこれを追撃し、独山の東で合戦したが敗北した。（『三国史記』新羅本紀）
・四五九年夏四月……倭人が兵船百余艘を列ねて東海岸を襲撃し、さらに進んで月城を包囲した。（『三国史記』新羅本紀）

このように大規模な戦役が、半島中部および東南部の新羅で繰り広げられていました。この間『日本書紀』は、三六二、三年と考えられる新羅征討しか伝えていませんが、年度が一、二年はズレている『三国史記』新羅本紀を考えると、筆者は、三六四年の倭人による首都（金城、今の慶州）侵入こそが、今やお伽噺化している神功皇后の新羅征伐であったと考えています。

後述しますが、『三国史記』新羅本紀に記録された倭人の侵入は、すべて首都（金城・月城《ウォルソン》は吐含山、明活山）侵攻で、また明らかに海上、それも東海岸からの攻略です。

応神、仁徳天皇と同時代、または以降に倭国から派兵された将兵たちは、沖ノ島を東に遠望しながら対馬を経由、対馬海流に乗って朝鮮半島東南部に向かいました。沖ノ島は玄界灘では孤立した東端の島で、荒天の際の避難港的な機能も強く感じさせられますが、戦勝を祝っての祭祀は倭国の発展とともに、重厚で豪華なものになっていったに違いありません。

なお、南朝の宋への使節派遣が、四〇〇年代に七回ほどあります。それは仁徳天皇（四二一、四二五年）、履中《りちゅう》天皇（四三〇年）、允恭《いんぎょう》天皇（四三八、四四三年）、雄略《ゆうりゃく》天皇（四六〇年）、清寧《せいねい》天皇（四七八年）の治世のことで、前期の『三国史記』新羅本紀などと考え合わせると、少なくとも四～五世紀には、玄界灘を越えて朝鮮半島・大陸本土へ向かう大量輸送ルートが確立していたことになります。その後、大陸への遣使は遣隋使（六〇〇年〜）、遣唐使（六三〇年〜）と、ずっと後世のことになりますが、古代国家群がいくつかの勢力に統一されていく朝鮮半島への関与・派兵は、倭国の好むと好まざるとにかかわらず、続いていくことになります。

朝鮮半島での倭国の海上祭祀

弓場紀知《ゆばただのり》は『古代祭祀とシルクロードの終着地・沖ノ島』（新泉社シリーズ「遺跡を学ぶ」）のなかで、竹幕洞遺跡を訪ねた結果を、次のように記しています。

竹幕洞遺跡は韓国の西海岸、全羅北道扶安の辺山《ピヨンサン》半島の突端にある。半島の突端の平坦な地に設けられ、三国時代の硬質陶器、鉄鉾、鉄剣、鉄刀、鉄斧、挂甲小札、金銅製馬具（鞍金具、杏葉）、銅鏡、中国陶磁、石製

図1-5　竹幕洞祭祀遺跡と沖ノ島

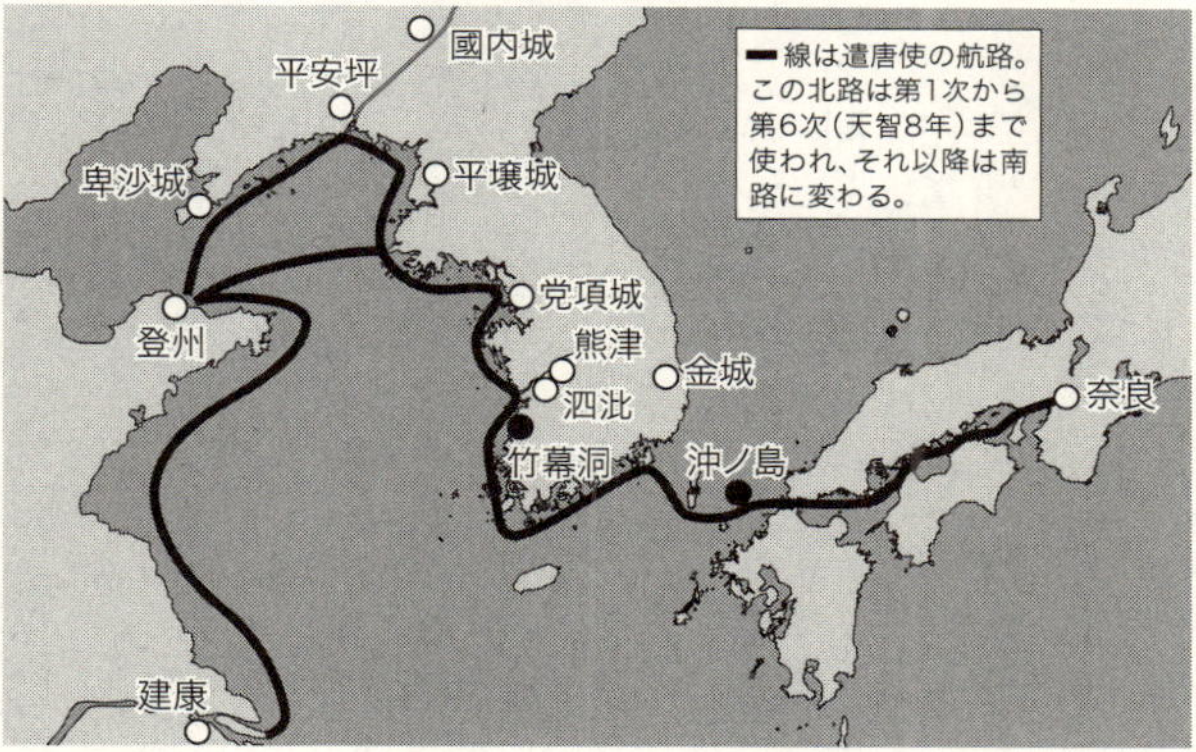

弓場紀知著『古代祭祀とシルクロードの終着地・沖ノ島』新泉社より

模造品（剣形品、有孔円板、刀子、短甲、鎌、鈴、鏡、勾玉）、土製模造品（人物、馬）などが出土している。四世紀後半から六世紀の祭祀遺跡と考えられている。

韓国国立民俗博物館に竹幕洞遺跡の復元ジオラマが展示されている。それによれば、海に面した平坦な地に土器をならべ、石製模造品は祭場の脇の大樹の枝につるしている。大樹はすなわち「ひろもぎ」（筆者注・神霊が降りてくる木）である。海に突き出した半島の突端、そこでおこなわれた祭祀は、航海の安全のためのまつりごと、もしくは漁業の安全を祈願しておこなわれたまつりごとだろう。遺物の質・内容はきわめて高いものであり、民間の祭祀遺跡ではなく、国家的な規模の祭祀がおこなわれたと考えられる。古代日本と同じ祭祀が百済の地でおこなわれたのだろうか。

石製模造品はまさに日本の祭祀遺跡から出土するものと酷似する遺物であり、日本製品と考えてよいものである。猪熊兼勝《いのくまかねかつ》氏によれば、竹幕洞遺跡の石製模造品は滑石製ではなく頁岩《けつがん》である可能性があるという。その点において違いがあるが、形態は日本のものとまったく同じであり、百済国内の材を用いて、倭人がつくった祭具と考えられないだろうか。滑石模造品のなかの短甲形は、宗像大社の高宮祭場《たかみやさいじょう》から出土しているものとまったく同じである。

また、韓国の西海岸から南の釜山・金海の地域には、小型の土製品(壺、勺、高坏、杯)が数多く出土しており、これは三輪山祭祀遺跡などで出土している、いわゆる手づくね土器と同じものである。

手づくね土器と滑石製模造品、こうした日本的な遺物が韓国の西海岸、南海岸に集中して出土していることをどう考えるべきであろうか。

沖ノ島と竹幕洞遺跡、二つの遺跡は古代の大陸への航行上のルート沿いにあり、祭祀の主体者、祭祀の目的はおそらく同じであろう。竹幕洞の祭祀の主体者が日本であれば滑石製品の説明は可能であるが、硬質陶器は百済時代の特色をそなえたものであり、さらにいえば竹幕洞の祭祀が硬質陶器を中心におこなわれたと考えられるならば、祭祀の主体は百済である。


弓場氏は、このようにかなり控えめにコメントしていますが、筆者は以下のように考えています。

竹幕洞の地域が百済でなかったら、どこに属していたのでしょうか。ずばり弓場氏のいう倭、倭国の国家的祭祀場ということになります。百済がこの地に南下して来るのは、前述したように五〇〇年以降だからです。

このことは次の二点からも、立証ができます。

ひとつは『日本書紀』雄略天皇紀の記録です。前後は略しますが雄略天皇の「二一年（筆者注・四七六年）春三月、天皇は、百済が高麗に破られた（筆者

表1-2　倭の五王の官号および爵位

南朝	年次	王	分類	官号・爵位
宋	四二一	讃	冊封	安東将軍・倭国王
宋	四三八	珍	自称	使持節・都督倭　百済　新羅　任那　秦韓　慕韓　六国諸軍事・安東大将軍・倭国王
宋	四三八	珍	冊封	安東将軍・倭国王　(倭隋ら十三人に将軍号を申請して許される)
宋	四四三	済	冊封	安東将軍・倭国王
宋	四五一	済	加号 進号	使持節・都督倭　新羅　任那　加羅　秦韓　慕韓　六国諸軍事・安東大将軍・倭国王　(二十三人に郡太守号・将軍号を申請して許される)
宋	四六二	興	冊封	安東将軍・倭国王
宋	四七七	武	自称	使持節・都督倭　百済　新羅　任那　加羅　秦韓　慕韓七国諸軍事・安東大将軍・倭国王
宋	四七八	武	冊封	使持節・都督倭　新羅　任那　加羅　秦韓　慕韓　六国諸軍事・安東大将軍・倭王
斉	四七九	武	冊封	使持節・都督倭　新羅　任那　加羅　秦韓　慕韓　六国諸軍事・鎮東大将軍
梁	五〇二	武	冊封	使持節・都督倭　新羅　任那　加羅　秦韓　慕韓　六国諸軍事・征東大将軍

山尾幸久著『古代の日朝関係』(塙書房)の表を基に改編

注・王城陥落、国王以下、みな敵の手で死んだ)と聞き、熊津《こむなり》(忠清南道公州)を汶州《もんす》王に賜わり、その国を救い〔復〕興した」とあります。倭国としては少なくとも忠清南道の公州地域は倭国の直接・間接の影響下にあったと見なしていたのです。ましてや竹幕洞は公州より南へ直線距離で二〇〇kmもあり、百済の国家的祭祀の場所ではまったくあり得ないのです。

そしてもうひとつ、雄略天皇紀の記事を傍証する記録があります。中国王朝への、いわゆる倭の五王の朝貢です。倭国王は百済を自国の軍事的管轄下の国として、宋《そう》朝に承認するよう数回にわたって要請しますが、前ページの表のごとく受け入れられませんでした。

倭国としては、高句麗の南下に対し百済を軍事的に支え、加えて百済の王位継承にまで影響力を行使していたのですから、当然の要請だったのですが、百済が宋に先立つ東晋に並行して朝貢していたため、成就しませんでした。しかしながら倭国は周囲の軍事管轄下に新羅を加え、秦韓《しんかん》、慕韓《ぼかん》をも加えています。この慕韓こそ、かつての馬韓の中部であり、北部が伯済国を中心として百済になり、南部は任那となったのではないかと筆者は考えています。中国の宋朝にしても、倭国が勝手に申し出て、軍事的にせよ、宗主国的地位・名称を安易に認める訳はありません。ということは、重ねて述べていますように、竹幕洞は百済の地域ではなかったということです。少なくとも倭国の一時的にせよ、直接ないし間接的な影響下にあったということです。

古代史を歪曲する韓国の学者たち

ここで注目しなくてはならないのは、最近発表された『宗像・沖ノ島と関連遺産群研究報告I』（平成二三年、「宗像・沖ノ島と関連遺産群」世界遺産推進会議）という資料です。すでに「宗像・沖ノ島と関連遺産群」は、その貴重な価値が認められ、平成二一年一月、ユネスコ世界遺産暫定《ざんてい》リストに記載されていますが、その学術的研究のなかに、海外、とくに韓国からの論文二点が寄せられています。一点ずつ見ていくことにしましょう。

1　韓国における祭祀遺跡・祭祀関連遺物
――沖ノ島祭祀の位置づけのための比較検討資料――
高慶秀（國學院大学研究開発推進機構伝統文化リサーチセンター）

この論文でまず問題なのは、高氏はきわめて安易に「三国時代」というフレ

図1-6　大陸と朝鮮半島四カ国の歴史的変遷

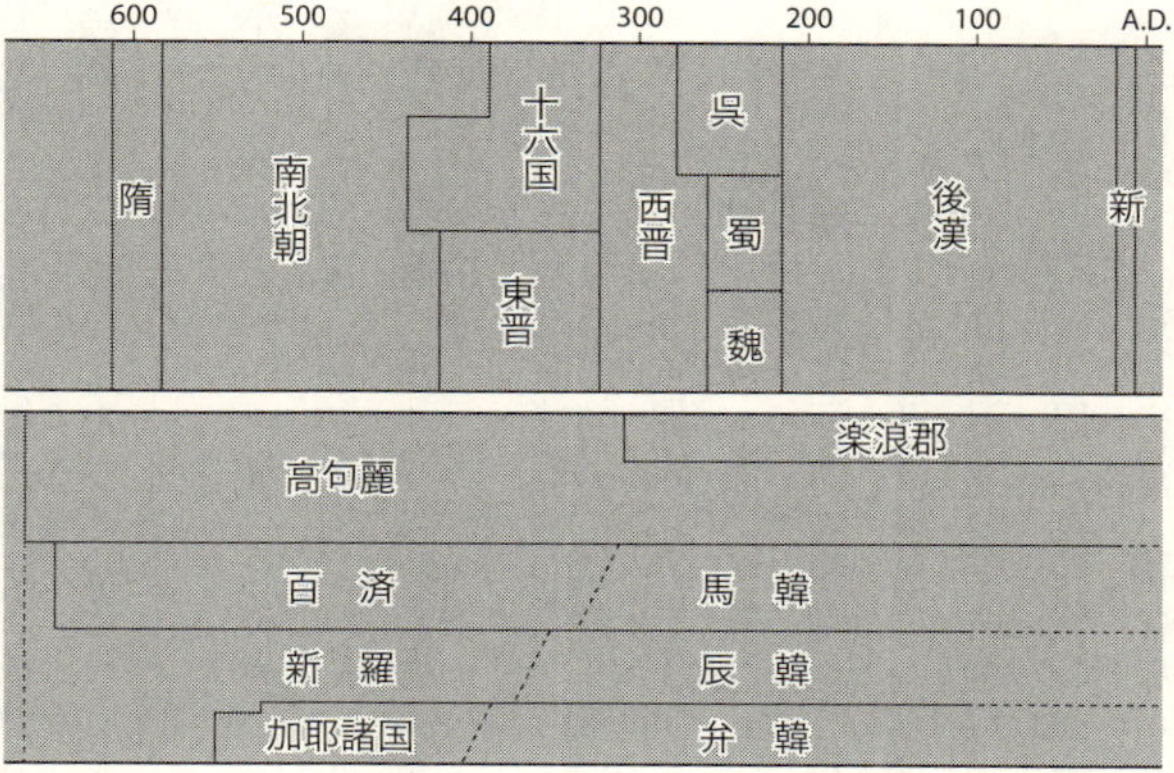

ーズを使っていることです。三国時代とは、朝鮮半島から満州にかけて高句麗、百済、新羅の三国が鼎立《ていりつ》した時代を指します。

図1－6の下図には半島四カ国（地域）についてが記されていますが、たしかに高句麗については、すでに紀元前一〇八年、大陸の史書（『漢書』地理志、『後漢書』高句驪伝）に「玄菟《げんと》郡の高句麗県」として、また『三国史記』高句麗本紀には「紀元前三七年に建国」と記されています。

しかしながら、百済・新羅は紀元三〇〇年を迎えてもまだ馬韓、辰韓、小国家群が存在する地域名にすぎません。馬韓でも北部を伯済国が、辰韓も中央の斯蘆国が周辺諸国をまとめつつある段階です。こうした状態をどうして「三国時代」といってしまうのでしょうか。

小国家群が三国へと統一されていく段階を、「三国時代」として不自然に早めているために、誤解が生じはじめます。高氏はまず、出土品から竹幕洞遺跡の時代を四段階に分け、次のように説明しています。

本報告ではまず出土遺物の再検討の結果に基づいて、祭祀様相を4段階に設定し、各段階別に祭祀主体を《ママ》想定を試みる。

Ⅰ段階：馬韓（3世紀後半）

Ⅱ段階：栄山江流域勢力（4世紀前半～5世紀中葉）

Ⅲ段階：栄山江流域勢力・加耶・倭（5世紀後半～6世紀前半）

Ⅳ段階：百済領域の在地勢力（6世紀中葉～7世紀前半）

第Ⅰ段階は、原三国時代の西南部全域でよくみられる短頸壺を中心とする祭祀で、遺物の量・種類などが制限されている小規模の祭祀であったことから、馬韓の祭祀と推測されるが、祭祀の主体は馬韓の新彌国であった。『晋書』巻三六列伝六張華条の武帝太康（282）における東夷馬韓新彌諸国二〇余国の初朝貢記事にみられる馬韓は全羅南道を指しており、ここで新彌国は栄山江流域の勢力であることがわかるが、その根拠として地理的な条件と東夷列伝馬韓条との比較が挙げられる。まず張華条の内容によると新彌諸国は「依山帯海」した自然環境を持っていて、幽州から四千里離れていると記述されているが、このような地理条件から西南海岸と盧嶺・小白山脈に囲まれている全羅地方の栄山江流域であることがわかる。そして『晋書』巻九六列伝六七東夷列伝馬韓条にみられる277〜290年にわたる8回の朝貢の記事には張華条の282年の遣使が抜けており、単純に記述漏れとも考えられるが、張華条には馬韓の初の朝貢であると書かれているのに対して、東夷列伝馬韓条では277年から朝貢が始まったと記述されていることから内容の食い違いがある。このような事実から両記事にみられる馬韓は一致していないことがわかる。韓国の学界では、東夷列伝馬韓条の馬韓を百済とする見解が有力であるが、忠清道一帯の勢力である目支国と解釈する見方もある。ここで注目すべき点は、中国側の馬韓新彌国に対する認識で、初めての朝貢であったにもかかわらず大きく取り上げていることから、3世紀後半、すなわち竹幕洞祭祀初期の段階において、栄山江流域はすでに馬韓の有力勢力として認められていたようである。また馬韓の朝貢が馬韓内でも一元的ではなかったことがわかる。竹幕洞遺跡のI段階における出土遺物から推定できる祭祀様相は、馬韓新彌国による朝貢記事の裏付けになると思われる。

まずI段階についてですが、高氏はいきなり『晋書《しんじょ》』巻三六列伝Ⅵを持ち出し、そこにある馬韓・新彌諸国二〇余国の話を、馬韓は全羅南道、新彌諸国を（全羅南道最南端の）栄山江流域と断定しています。

馬韓諸国、おそらく北方の伯済国に率いられた二〇余カ国は、同じく『晋書』本紀および馬韓伝に記録されたとおり、二七七、二七八、二八〇、二八一、二八二、二八六、二八七、二八八、二八九、二九〇、そして二九一年と晋の楽浪郡、もしくは平州（襄平《じょうへい》）に朝貢していますが、馬韓の残る三〇余カ国(『三国志』韓伝、『晋書』馬韓伝による)の動向はわかりません。たぶん、馬韓の中部(後の慕韓)、南部(後の任那)の諸国までは、馬韓北部の二〇余国の朝貢グループには参加していなかったと見るのが妥当ではないでしょうか。

そうだとすれば高氏の早トチリとなりますが、百済が京畿道《キョンギド》、忠清南北道、そして全羅北道にすでに存在していると考えているらしいことがうかがえます。百済が都を忠清南道の公州(熊津)に遷したのは四七五年、それも倭国の全面バックアップによるもので、高氏のいう晋の二六五～三一六年といったはるか昔の話ではありません。韓国の学者たちが自国の歴史を悠久なものにしたい、そして竹幕洞のケースでは、百済主導の祭祀だったことにしたいという願望もわからないではありませんが、歴史を曲げることはできません。

続いて高氏のいう第Ⅱ段階です。栄山江流域勢力が祭祀の主体(四世紀前半～五世紀中葉)とありますが、栄山江流域勢力が馬韓中部(後の慕韓)であるとしても、竹幕洞で国家(連合・連盟)挙げての海上祭祀が行われたとはまず考えられません。

第Ⅱ段階も祭所の伝統に基づき、Ⅰ段階に続いて土器中心の祭祀が行なわれたが、Ⅰ段階に比べて土器の器種と数量が増加し、祭祀の規模が大きくなっている。この段階においても百済との関連性がみられないことは、前述した通りに土器などの遺物の出土状況からもわかるが、その背景にある錦江流域における百済への併合時期も重要な問題点となる。韓国の考古学者の間では、その時期を墓制の変遷から4世紀中葉～5世紀中葉に求める説と、各種の遺物に百済の影響が強く見られる4世紀後半にあてる説が存在する。したがってこの時期は錦江流域の百済領域化によって、この祭祀遺跡における百済の影響力がより高まることが想定できる。しかし、竹幕洞遺跡における遺物の内容からみると、この段階においても三足土器・深鉢土器に象徴される百済系の遺物は全く見られない。この点に注目すれば、竹幕洞祭祀遺跡の主体が百済と関係を持っていなかったことが明らかになるであろう。

そうなると倭国、倭国関連の祭祀遺跡ということになります。高氏は錦江《クムガン》地域における百済への併合時期を四世紀中葉から五世紀中葉、または四世紀後半と二説挙げています。しかし、百済が高句麗の攻勢にあい、忠清南道公州にまで落ち延びたのは四七五年のことです。この場合、大和朝廷の雄略天皇が百済再興のために、公州（熊津）の土地まで下賜《かし》したという『日本書紀』の記録があるくらいですから、百済による併合という言い方自体、不穏当と思われます。ともあれ錦江地域（上流に公州、中流に扶餘《プヨ》）への百済の南下は、高氏のいう時期より一〇〇年も後のことなのです。しかし、後半の結論は正解です。考古学と文献学に多少のズレがあるとしても、よくよく検討した結果が、一〇〇年単位の相違というのは残念なことです。

続いて第Ⅲ段階、栄山江流域勢力・伽耶・倭（五世紀後半～六世紀前半）です。相変わらず栄山江流域勢力とありますが、これは直接的には任那の諸県、間接的には倭国の勢力です。栄山江流域には一九七〇年代以降、倭国独自の墓制である前方後円墳が一四基発掘されています。この事実から目をそむけず、偏《かたよ》った解釈で日本・韓国の人たちを惑わさないでほしいものです。

第Ⅲ段階は土器の器種の変化、すなわち器台のような加耶系のものが見られるようになる。また「竹幕洞式」とも呼ばれる装飾性の高い広口長頸壺が現れる。その系譜は広口壺に求められるが、集線文・波状文の独特な文様と牛角形の把手などは祭祀用として特別に制作されたことを意味する。ここで行われた加耶の祭祀の特徴は、金属遺物が主に使われているという点である。この点に着目して兪炳夏は古墳と祭祀遺跡における神観念の未分化状態であると解釈している。しかし三国時代の祭祀に対する研究成果が乏しい現在の段階では、慎重な検討が伴われなければならないであろう。竹幕洞祭祀遺跡の第Ⅲ段階において栄山江流域では羅州藩南地域を中心に活発な交易活動が行なわれていたが、古墳から出土した倭系遺物の存在は倭との活発な交流関係を証明している。九州の横穴式石室と日本の初期須恵器との関連性はすでに指摘されているが、このような事実から白石太一郎は倭の交渉の相手が5世紀前半までは洛東江であったが、5世紀後半からは西の栄山江流域に移ったという見方を示している。第三《ママ》段階の祭祀にみられる石製模造品の存在もまた倭（九州）との頻繁な交流の証であると言えよう。しかし石製模造品に伴う土器がほとんど見つかっておらず、日本の古代における海洋祭祀の場合、石製模造品のみで行なわれた祭祀の事例がないことを考えると、倭が主体になって単独に行なわれた祭祀であったと解釈するよりは、栄山江流域の勢力との共同祭祀の可能性が高いと思われる。

『宋書』倭国伝などの所謂倭五王の都督諸軍事号は、爵号に「慕韓」がみられることから5世紀後半代においてこの地域を理解する貴重な史料となるが、慕韓の実在説によって慕韓は全南地域に比定されている。慕韓は倭王珍（438）の「使持節都督倭百済新羅任那秦韓慕韓六国諸軍事安東大将軍倭国王」の自称に初めて登場する。その後、倭王武の爵号にも3回登場しているが、この史料の重要性は、南朝時代の政治的利害関係が反映されているものの、当時の倭と南朝が韓半島の情勢をどのように認識していたのかがわかるということである。

ここで初めて慕韓という地域名が出てきます。これまで日・韓いずれの学者たちも慕韓という地名を故意に無視してきただけに、時代が変わってきたのかなとも思われますが、実際この馬韓中部を慕韓、南部を任那（栄山江流域）とすると、百済以前のこの地域の歩みがよくわかってきます。高氏のいう慕韓もひっくるめて全南地区ではなく、忠清南道・全羅北道と、栄山江地域を任那とすると、きわめてスムーズにいくのですが……。

そして第Ⅳ段階、百済領域の在地勢力が祭祀の主体となる最終段階です。時代は六世紀中葉から七世紀前半にかけてです。

> 最後の第四段《ママ》階では土器中心の小規模の祭祀へと変化しているが、国際的な交流の中心祭場としての機能を失って、在地中心の祭祀になったことが推測される。この時期は、栄山江流域が既に百済の領域下に入っており、仮にこの祭祀の主体が最初から百済であったとすれば、矛盾した結果

である。

大和朝廷は百済の南下による必死の生き残り作戦と強圧により、五一二、五一三年に任那の六県を百済に割譲することを余儀なくされ、栄山江流域を含む全羅南道のすべてを放棄します。その理由としては、①この時期の倭国全体の疲弊、②いずれ百済に併合されるのは時間の問題といった諦観、③百済の表裏ある工作、などによるものでしたが、大和朝廷の関心が、任那よりむしろ仏教文化全般の輸入へと移っていった結果です。

五〇〇年からちょうど一〇〇年間、倭国から中国王朝への朝貢は途絶えますが、その間、任那という土地と引き換えに、とまではいわなくとも、百済船が南朝(梁《りょう》・陳《ちん》)から仏法僧を倭国に招来してきたのです。この間の事情は後述しますが、倭国からの長距離船(使節船)の数が戻ってくるのは、遣隋使と遣唐使からのこととなります。

もう一点の論文を見ていきましょう。

2　竹幕洞祭祀遺跡と沖ノ島祭祀遺跡

禹在柄（韓国・忠南大学校人文大学考古学科教授）

禹《ウ》教授は、①倭国から伽耶・百済への海上交易ルート、②弁韓の金海《キメ》良洞《ヤンドン》里《リ》遺跡の儀礼用副葬品（倭系）の出土、同じく金海大成洞《テソンドン》古墳群出土の倭系威信財、③日本の古墳時代の船形絵画・船形埴輪、④竹幕洞遺跡で出土した倭様式の石製模造品、などについてあらためて教えてくれますが、肝心の時代の見方がブレており、竹幕洞遺跡についてはほとんど説得力がありません。

沖ノ島祭祀遺跡の歴史的意義はこの遺跡の発見によって、日本列島と朝鮮半島との間で行われた古代海上交易ルートの実体が最初に明らかになったことである。さらに、４世紀頃の倭国に現れた沖ノ島祭祀遺跡は国家形成と長距離交易との相関関係を解明する上で有効な考古学的資料を提供した。

日本における沖ノ島祭祀遺跡の研究は祭祀、海上交易、王権、神話など多様な方面で進められた。この過程で、沖ノ島祭祀遺跡は倭中央が関与した代表的な中央型海岸祭祀遺跡であることが明らかになった。

一方、１９９２年、韓国西海岸の絶壁頂上では沖ノ島祭祀遺跡の性格を解明する上で糸口を提供する竹幕洞祭祀遺跡が発掘された。この発掘の結果、竹幕洞祭祀遺跡は百済の代表的な中央型海岸祭祀遺跡であることが明らかになった。

特に沖ノ島祭祀遺跡が出現する国際的契機を解明する上で、この竹幕洞祭祀遺跡の発掘は比較可能な重要な考古学的資料を提供した。

竹幕洞祭祀遺跡で百済中央が関与した中央型海岸祭祀が最初に現れた時期は４世紀頃と推定された。沖ノ島祭祀遺跡で倭中央が関与した中央型海岸祭祀が最初に現れる時期が４世紀頃である点を考慮すれば、両遺跡の出現過程に両国の相互作用と東アジアの国際的契機が影響を与えた可能性は高い。

竹幕洞祭祀遺跡は百済西海岸の危険な航路が広く眺められる海岸絶壁の頂上に造営された。沖ノ島祭祀遺跡が造営された場所も北部九州から朝鮮半島東南部へ向かう航路上危険な場所を一望できる島の斜面である。このように竹幕洞祭祀遺跡と沖ノ島祭祀遺跡は類似する地理的景観をもつ。両遺跡の地理的景観の類似性は両遺跡の出現過程に両国の相互作用が存在したことを示唆する。

まず禹教授は、冒頭、このように両遺跡の意義を紹介していますが、沖ノ島はともかく、竹幕洞についてもいきなり「百済の中央型海岸祭祀遺跡であることが明らかになった」と誇らかに述べています。すでに何度も説明していることなのですが、百済がこの地、辺山半島あたりに進出してくるのは、早くても五〇〇年（六世紀初頭）のことです。また、百済中央が関与した中央型海岸祭祀遺跡が最初に現れた時期が、四世紀ごろと推定されたと述べていますが、これは間違いです。百済という国の中枢は、現在の京畿道、それも漢江南岸（現在のソウル特別市江東《カンドン》区）の首都（慰礼城《ウィレソン》と外城の夢村《モンチヨン》土城《ドソン》）であり、中央からの船舶は城下から漢江を通り、臨津江《イムジンガン》河口、江華《カンファ》島《ド》東岸を経て外洋へ出たのでした。これが高句麗による首都攻略をこうむる四七五年までの、百済国の海洋

図1-7　扶安竹幕洞祭祀遺跡

高慶秀著「韓国における祭祀遺跡・祭祀関連遺物」より

へのルートで、中央型施設をはるか南部の錦江河口に設ける理由はありません。時代が一〇〇年以上ずれていますし、つくるとすれば、外敵から首都を守る江華島などが候補地になるべきでしょう。

竹幕洞祭祀遺跡は加耶地域から百済中央へ向かう百済西海岸航路上に位置する。特に竹幕洞祭祀遺跡が位置する辺山半島の西側海域は公州・扶餘へ向かう交易船には最も危険な航路であったと見られる。加耶地域を出発した百済船舶はこの危険な航路上に位置する竹幕洞祭祀遺跡の周辺の港で停泊する必要性があったと思われる。この港に停泊した百済船舶の主な目的は物資の補給、船員の休憩と共に航海の安全を祈願する海岸祭祀を行うことであったと見られる。

これは百済中央の公州・扶餘への南遷以降のことを言っているのでしょうか。竹幕洞遺跡が避難港、補給基地として使われてきたらしいと禹氏は述べていますが、地図を見ると内海はいくらでもあります。わざわざ外洋に突き出た岩礁だらけの小さな半島が、避難港や補給基地の条件を満たしていたとは思えません（図1－7）。

五〇〇年以降の百済の南朝への使節船は、竹幕洞より一五〇㎞も北の錦江河口より、直接に山東半島経由で、首都・建康を目指していて、竹幕洞はルートから外れています。一方、百済の積極的南下策で旧慕韓諸国は吸収され、全羅南道南部の任那の六県も危機に直面します。したがって、この地にやってくる船舶は徐々に減ってきたのではないかと考えられます（次ページ・図1－7）。

図1-7　扶安竹幕洞祭祀遺跡の地形図

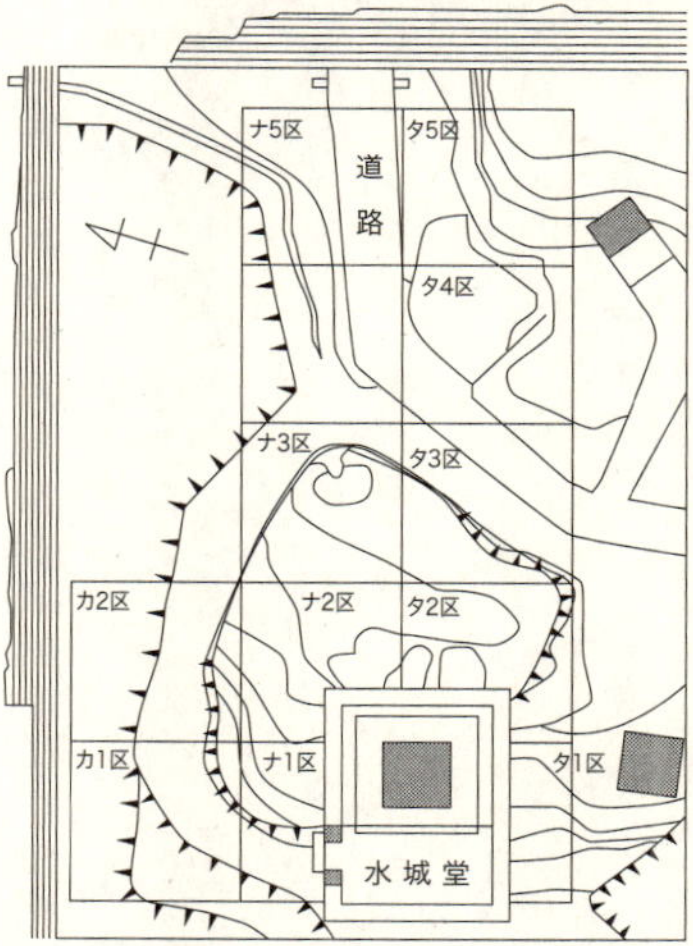

高慶秀著「韓国における祭祀遺跡・祭祀関連遺物」より

第二章

任那の前方後円墳

戦後、円墳にされた松鶴洞古墳

朝鮮半島南部には、日本特有の墓制である前方後円墳が一四基発見されています。これらは古代において、日本（倭国）の影響力が半島南部に及んでいたことを示す証拠であり、任那日本府存在の傍証になっています。

ところが、前方後円墳であると確認されながら、その後の政治的な事情や、民族感情のためか「三つの円墳」にされた古墳があります。それが慶尚南道《キヨンサンナムド》の沿海部固城の中心部にある松鶴洞古墳です。固城は古来、小伽耶とも呼ばれ、固有名は古自《こじ》、古嵯《こさ》、久嵯《くさ》ともいわれ、任那南部の一国に数えられていました。

以下は、『韓国の古代遺跡　2百済・伽耶篇』（監修森浩一、編著東潮、田中俊明、中央公論社）による松鶴洞古墳の概要です。

全長六六m、後円部径三七・五m、前方部が若干丸みを帯びるが、円墳

図2-1　泗川・固城地方の古墳

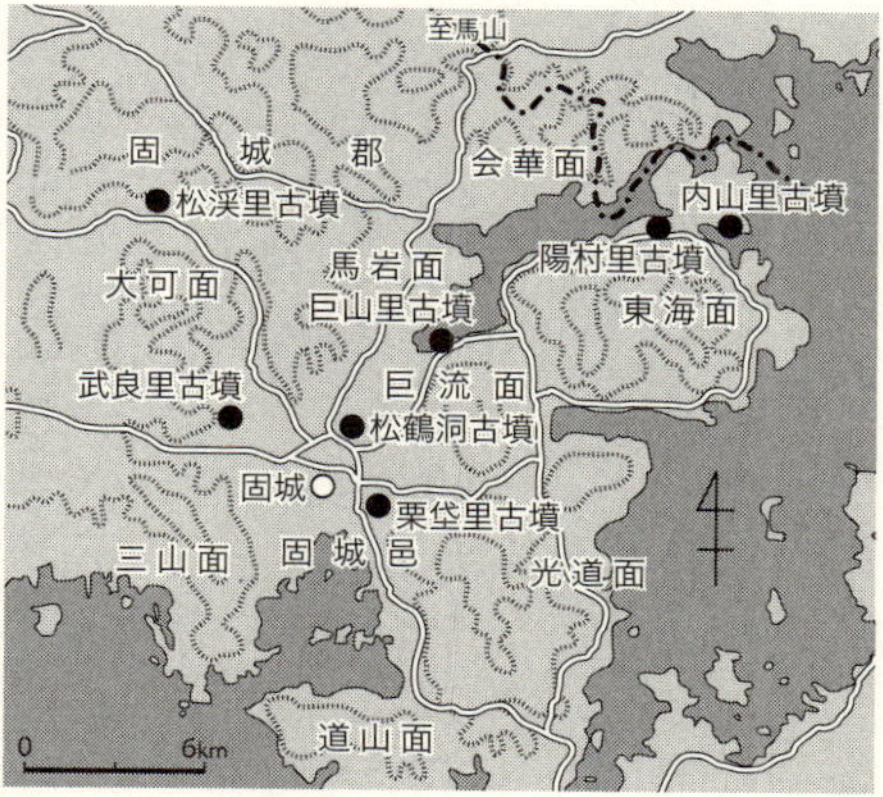

監修森浩一、編著東潮、田中俊明『韓国の古代遺跡 2百済・伽耶篇』(中央公論社)より

二基ではなく前方後円墳として認識される。後円部上に石材が露呈するが、かつて鳥居龍蔵によって一九一四年に発掘された竪穴式石室の一部で挂甲（小《こ》札《ざね》）などの鉄器が出土している。また墳丘上から五世紀代の土器が採集されており、古墳のおおよその時期が推定される。周囲には六基の円墳が、あたかも陪塚群のように分布し、さらにその東側二〇〇～五〇〇mに三基、北三〇〇mほどの基月《キウオル》里《リ》に二基の古墳が遺存する。かつては相当数からなる古墳群で

あったようである。固城は小伽耶国に比定されるが、その中心は地理的にみても、この松鶴洞古墳群付近であろう。
（筆者注・事実、古墳より固城湾まで二㎞ほどで、往時はさらに海が迫っていたと思われ、倭国との海上交通にはきわめて便利な地域であったと想像される）
〈前ページ図2－1〉

八〇ページに掲載した実測図は、一九八三年六月、嶺南《ヨンナム》大学校の姜仁求《カンイング》教授が「韓国の前方後円形墳」という題で論文を発表（一九八七年に一部改変）したものです。

この発表で、戦前からいわれていた本古墳の「前方後円墳」は確定したかにみえましたが、その後、変な方向へ進みます。私はその原因を韓国の学者たちの極端なナショナリズム（日本から前方後円墳が伝わったなどありえない＝認めたくない）と、それに同調する一部の日本学者たちによるものと考えています。韓国では、「日本の文化はすべて韓国から渡来した」と主張する人々がいて、前方後円墳韓国起源説を唱える学者もいますが、現在では、前方後円墳は

固城邑と松鶴洞古墳
監修森浩一、編著東潮、田中俊明『韓国の古代遺跡　２百済・伽耶篇』（中央公論社）より

日本で独自に発展したものであるというのが定説です。

ここで『韓国の前方後円形墳』と題した早稲田大学韓国考古学学術調査研修報告（岡内三眞編、雄山閣出版）を紹介しましょう。

題名からして「前方後円墳」ではなく「前方後円形墳」といったおかしな書名で、韓国側に遠慮している様子がうかがえますが、まもなく始まった本格的調査寸前の報告に違いありません。

報告書は、すでに話題となっていたと思われる複数の円墳か、前方後円墳かについては触れず、以下の内容を

図2-2　松鶴洞古墳実測図

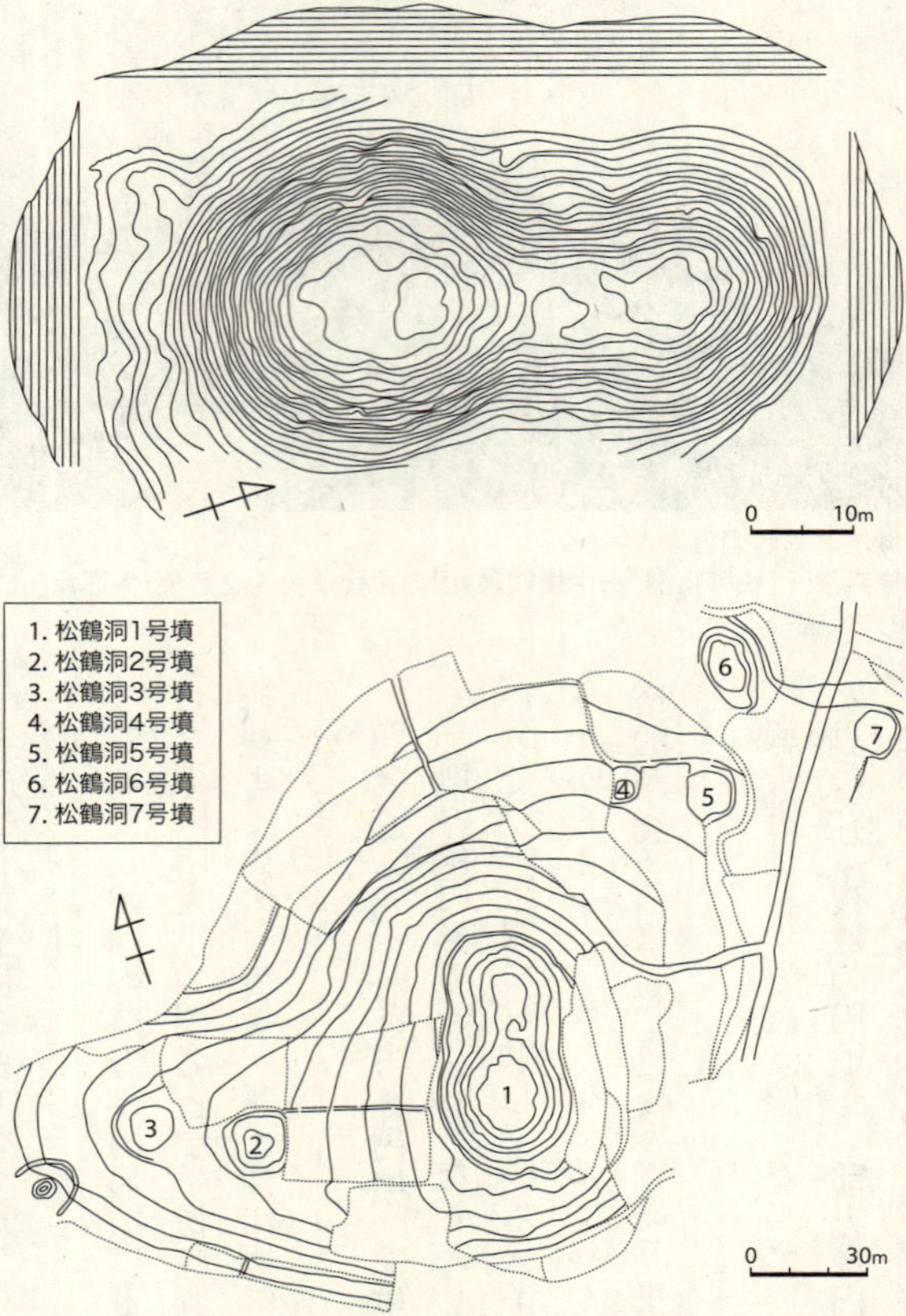

監修森浩一、編著東潮、田中俊明『韓国の古代遺跡　2百済・伽耶篇』(中央公論社)を基に改編

淡々と記録しています。

㈠舞妓山《ムギサン》（松鶴洞）古墳は、一九一四年鳥居《とりい》龍蔵《りゅうぞう》により調査された記録が残っている。さらに一九八三年に姜仁求によって外形の精密な測量調査が実施された後、前方後円形墳であることが確認されて注目を浴びた。しかし本格的な発掘調査はまだおこなわれていない。

㈡後円部、前方部とも細かい粘土で盛土した築造方法が認められる。葺石、周濠、段築などは見あたらない。

㈢後円墳の墳丘は正円に近い平面形で、前方部より一・五mほど高い。頂上部は前方部と同じく平坦になっているが、近年平らに削ったものとみられる。

㈣前方部の幅は後円部の直径より狭いが、長さは後円部の直径と同じで、倭の典型的な前方後円墳の形態と比べると未発達な状態を示している。

㈤本格的な調査がおこなわれていないため、主体部埋葬施設の内容についてはまだ明らかにされていない。後円部の南側に、石室に使われたとみられる石材が三個露出していて、石室が後円部に存在することが推定できる。

■改竄工事がおこなわれた古代遺跡

このとき、もう少し詰めた調査をしてくれていれば、次のようなことにはならなかったでしょう。左に掲げた写真を見くらべてください（写真二点　一九九六年早稲田大学撮影／二〇一二年六月筆者撮影）。

一九九六年撮影時の二つの円丘が二〇一二年撮影では三つになっているのがわかります。文献を詳しく調査した結果、早稲田大学による調査報告（一九九六年）の後、韓国では二〇〇〇年七月から東亜《トンア》大学校博物館によって前方後円墳の後円部（彼らは第一号墳と呼んでいます）の、より精密な発掘調査がスタートしていたことが判明しました。

二〇〇一年秋に沈奉謹《シムボングン》教授が発表した「加耶地域と国際交流──固城松鶴洞古墳群」（『東アジアの古代文化』109号、2001秋、古代学研究所編、大和書房）によれば、

㈠調査を実施した結果、第一号墳は前方後円墳ではなく、三基以上の大小古墳群が重複していることを現場説明会で報告することになった（筆者注・前述

固城松鶴洞古墳（西より望む）
岡内三眞編集『韓国の前方後円形墳』（雄山閣出版）より

2012年６月筆者撮影

のごとく、韓国側は松鶴洞前方後円墳の全体を一号墳と呼んでいます。今回、前方部にも前方部と後円部間の窪地にも遺跡が出てきたことで、三基以上の古墳が出てきたとして、これは前方後円墳ではないと早トチリをしたのでした。これは後円部のみに被葬者の石室・石棺があるはずとの固定観念によるものです。日本でも西殿塚《にしとのづか》古墳をはじめ、後円部と前方部に複数の石室・石棺の例があるにもかかわらず）。

㈡メインの1A号墳には頂上からさほど深くないところに都合一一基の竪穴式の石槨《せきかく》が配置されるなど、中小の石槨が見られる。これらはメインの墳丘が築かれたあと、また墳丘を掘ってその中に石槨を配置する過程での重複、補強土の攪乱《かくらん》状況など、埋葬当時の特徴を通して築造順序の先後関係が明らかにされている。

㈢1B号墳は、従来前方部と知られていた北方に当たる部分である。墳丘はやはり黒色の粘土で造られており、表土層から深さ二mのところで東西を長軸とする長方形の大型の石室が見つかった。さらに西南方と西北方の封土層からも陪葬や追加葬と想定される小型の石槨が現れた。

図2-3　固城松鶴洞古墳群第１号墳実測図

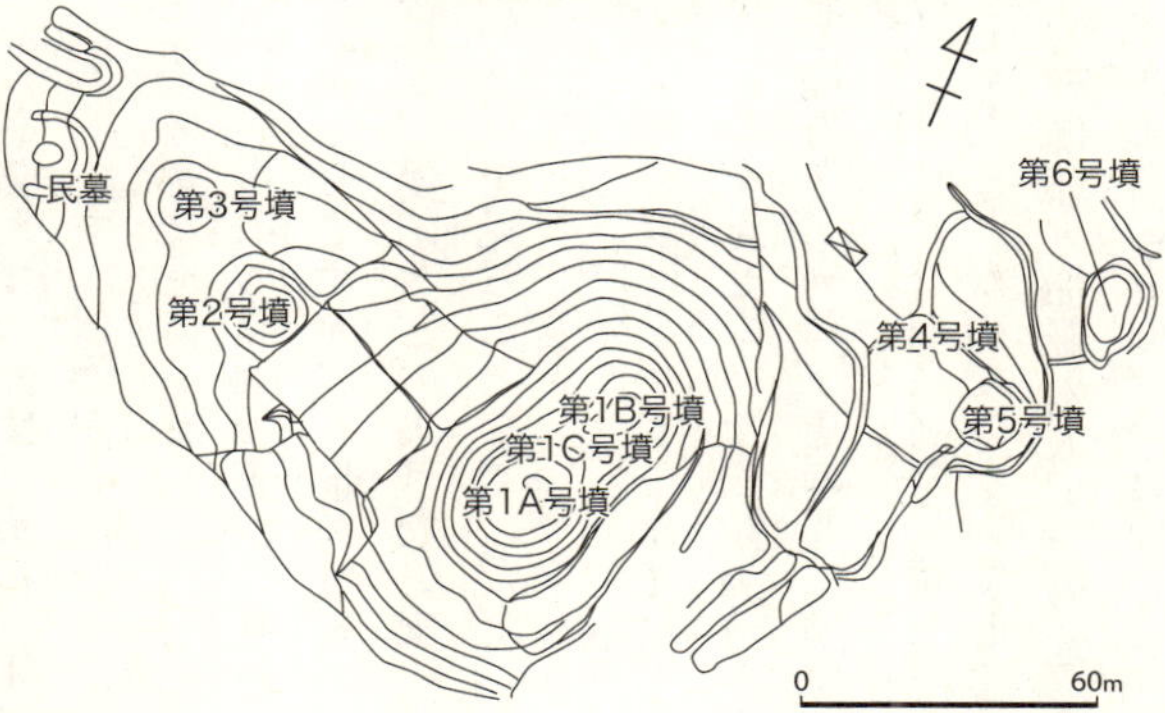

「東アジアの古代文化」109号（大和書房）より

ところでこの古墳は、墓室が加耶の墓制の典型として知られる竪穴式の石槨ではなく、西方の短壁の中央に羨道《せんどう》、その端に墓道を備えた横穴式の石室であることが明らかになり注目される。

㈣　1C号墳は、前記の両古墳の間にある。やはり頂上部から深さ二ｍのところに東西を長軸とした石室の上段部が現れた。この古墳はその位置や構造から見て、三基の中でもっとも遅い時期に築造されたものと推定されるが、残存する遺構の規模や形態から、前記した両古墳よりは高く見えたと思われる。

と、報告しています。最後の1C号墳が「両古墳より高く見えた」という意味が不明です。遺物が立派だったから、円丘は高くなくてはならないということになるのでしょうか。

松鶴洞古墳の発掘調査が、考古学的に精緻を極めているらしいことには深く敬意を表しますが、五世紀後半から六世紀前半にかけての任那・伽耶（加羅）地域が、倭国とどのような外交・軍事、そして社会的関係にあったかという文献的知見を見ることなく、ただ「前方後円墳否定」に走ってしまったのは残念なことです。

沈奉謹教授はなぜ、一九九六年まで、一五〇〇年来固城湾を望み、美しいたたずまいを見せていた松鶴洞前方後円墳を、ただ学会の勢いということで、前方と後方を二分し、その間に醜悪な小山を造ってしまったのでしょうか。「高く見えたと思われる」の一言で、遺構の未来とその美しい外観をバラバラにしてしまったのではないでしょうか。現在の日韓の人に対して、また同時に往時の伽耶・加羅の人、その地で交易を行ってきた倭国の居留民たちに対して、あまりにも心ない行いと言わざるをえません。

考古学者の嘆き

『森浩一・語りの古代学』（森浩一著、大巧社）には、とんでもない松鶴洞古墳の悲劇が語られています。本書の読者ならご存じの方も多いでしょう。森氏は日本の考古学の第一人者です。短い文章なので、全文掲載します。

忠武での牛血の粥――松鶴洞古墳の悲劇を悼む

一九八三年六月、姜仁求先生が当時所属されていた嶺南大学の新聞を見る機会があった。そこには「韓国の前方後円墳」という論文が掲載されているではないか。〝東アジアのなかでの日本文化〟を一つの努力目標にして研究を進めてきたぼくにとって、これは斬新な着目点であり、これからの古墳研究、ひいては古代史の展開にとっての重要項目になることは明らかだと考えられた。

とはいえ、ぼくは慎重に行動した。というのは、ぼくが最初に韓国を訪れることのできた一九七〇年に、北欧のある学者が扶余付近に前方後円墳があることを発表し、それが日本でも話題となっていたので、このときの旅行ではそれらの候補地を検討することをも日程に加えた。だが、ぼくには自然地形の小山としか判断できず、失望したという経験があったからである。

そのような苦い経験があったため、まず問題の松鶴洞《しょうかくどう》（ソンハクトン）古墳を案内なしに自分の眼で確かめたく、一九八三年八月に現地を訪れた。十年あまり前の扶余での見学とは違って、まぎれもないダブルマウンドが丘陵上に造営されていて、現状、つまり原形では前方後円墳の仲間に入れることに少しの躊躇《ちゅうちょ》も覚えなかった。帰国後、すぐ姜先生に連絡し、日本でいくつかの前方後円墳をご案内したいこと、研究者たちとの討論への出席などもお願いした。

その後、松鶴洞古墳については、現在の形が近年の変形であるというような噂話がひろまったりしたが、日本の古墳の例ではそれらは取るに足らない噂話にすぎなかった。はたせるかな、そののち姜先生の努力で故鳥居《とりい》龍蔵《りゆうぞう》先生が戦前に撮影されていた古墳の側面からの写真が発見され、ぼくは噂話が意図的に流されていると感じ、不快であった。

「発掘もある種の遺跡の破壊である」という原則が考古学界にはあって、どの学者もたえずその言葉を噛《か》み締め自戒する必要がある。ぼくは今回の松鶴洞古墳の発掘ほど、この言葉を感じた発掘は他に例を見ない。発掘によって、かつていわれていたような近年での変形を示す兆候は何一つないのに、どうして原形がダブルマウンドなのかの前提を抜きにして、数基の円墳連続説が発掘の開始直後から提出され、その説が導かれる過程ではなく、結論だけが流布された。

これは学問の手順として明らかに間違っているし、学問の名において文化財を変形・改変することになる。友人の多くは発掘を見学してきたが、ぼくは現地を見るに耐えられず、見に行かなかった。ぼくには発掘される以前の、あの美しい墳形が今でも瞼《まぶた》に焼きついていて、それで充分である。

福岡県筑紫野《ちくしの》市に剣塚《けんづか》という六世紀の前方後円墳があって、横穴式石室が埋葬施設である。これがこの古墳の原形だった。ところが高速道路の建設で、現在の墳丘を取り除くと、墳丘の下には数基の方墳があることがわかり、前期古墳（古剣塚）を取り込んで、六世紀に若干の盛土を加え、前方後円墳に造り替えていることがわかった。

松鶴洞古墳の円墳連続説には、数人の日本人学者も賛同した言辞はみられるが、この人たちは剣塚と古剣塚の関係を報告書で読んだことがあるのだろうか。読んだのに知らぬことにしているようでは、勇気ある学者とはいえないし、応用能力もあるとはいえない。

最後に、一九八六年一月に姜先生と晋州、珍島、固城、忠武（鎮海）などを見学したときのことである。ぼくは体調がよくなかった。すると、忠武で朝早く姜先生はあちこちの食堂をたずねまわって、たしか牛の血の入った粥《かゆ》を見つけてくださり、体力の弱ったぼくに食べさせてくれた。あのときに姜先生の親身の親切さは、本当にうれしかった。ぼくに東アジア的視野を実践面で教えてくれ、また学問の厳しさに耐え抜かれた先生に、畏敬の念を持って一文を作った。（病床での覚書です。）

（『悠山姜仁求教授停年紀念　東北亜古文化論叢』二〇〇二年二月）

韓国の考古学界は、この問題について、①前方後円墳とは認めない、認めたくない、②発掘したら三基の墓が出てきた。前方後円墳でない恰好の理由だ、③そして、窪地の第三墓の上に新たに円形の盛土をした、という大きな三つの誤りを犯してしまいました。鳥居龍蔵による古墳調査の写真、そして姜仁求教授の精密な外形の測量調査結果を無視してはいけないのではないでしょうか。

韓国の前方後円墳を巡って

筆者が韓国の前方後円墳に注目し、現地を訪ねてみようと思い立ったのは、二〇〇八年秋のことでした。前著『日本古代史　正解　渡海編』（講談社）を執筆するため、百済の三都、ソウル・公州・扶餘を訪ねました。ソウルでは、江南《カンナム》地区の風納土城《ブンナットソン》、夢村土城、石村洞《ソクチヨンドン》古墳群、公州では、公山城《コンサンソン》と武寧王《ムリヨンワン》陵《ヌン》、そして百済最後の王都扶餘では、落花岩《ナックアアム》で知られる扶蘇山《プソサン》などを見学できました。旅の最終日、前述の早稲田大学韓国考古学学術調査研修団による調査報告『韓国の前方後円形墳』を読んで、かねてから気にかかっていた、栄山江流域にある一四基の前方後円墳のうち、光州廣域市《クアンジュクアンヨッ》にある月桂洞《ウオルケドン》古墳と明花洞《ミヨンファドン》古墳を訪ねました。これがきっかけとなって、二〇一二年六月、残り一二基を全部見ようと各地を回りました。現地で目にした古墳群の写真とその形態などを、早稲田大学の調査報告書を参考に報告いたします。

■月桂洞古墳（全羅南道光州廣域市光山《クアンサン》区月桂洞）

月桂洞古墳がある光州廣域市は、栄山江上流域に位置します。今では高層ビルに囲まれた都会のど真ん中に、韓国では他に例がないという二基の前方後円墳を、車の中から目にしたときの驚きを、今でも思い出します。さっそく車を降り、整備された墓域まで近づいて、一号墳の横穴式石室や周濠跡などを確認しました。一九九三年、全南《チヨンナム》大学校によって発掘調査が行われ、その後修復され、現在は、一目で前方後円墳と確認できる形状です。なお、円筒埴輪形土製品、朝顔埴輪形出土製品などの出土品は、光州博物館に展示されています。

一号墳の総長四五・三m、後円部直径二五・八m、高さ六・一m、前方部幅

月桂洞古墳

三一・四m、高さ五・二m。二号墳の総長三四・五m、後円部直径二〇・五m、高さ三・五m、前方部幅二二m、高さ三m。

▪明花洞古墳

（全羅南道光州廣域市光山区明花洞）

月桂洞古墳がある光州市の中心部から約一七㎞の明花洞にあるこの古墳は、民家が密集した車が一台通るのがやっとの細い道の突き当たりにあります。今は廃屋になっている庭先に古墳と思しき墳丘があり、頂上まで登ってみると、眼前には畑が広がっていました。一九九四年、光州博物館によって

明花洞古墳

発掘調査が行われました。月桂洞古墳と同じく、円筒埴輪形土製品、朝顔埴輪型土製品が出土、いずれも光州博物館に展示されています。これらの製作にあたっては、「何らかの経路を通じて、日本列島から獲得されたものであろう」という見解があります。

総長三五m、後円部直径一八m、高さ三・五m、前方部幅一二m、高さ二・六m。

■古城里(月城《ウオルソン》)古墳
(全羅南道潭陽《タムヤン》郡古城里《コソンリ》)

栄山江上流域、潭陽地域の前方後円墳としていろいろな資料に聲月里《ソンウオルリ》古

古城里（月城）古墳

墳とともに紹介されていますが、写真や地図などの詳しいことが判明しないまま、ぶっつけ本番で探すことになってしまいました。地名を頼りに、現地ガイドのスマートフォンや、自動車のナビなどで探しましたが、見つけるのは困難でした。何度も同じところを回っても見つからないのであきらめかけましたが、最後に一縷《いちる》の望みをかけ役場で尋ねてみると、さすがに正確な場所を教えてくれました。

見つからないのも当然で、何度も通り過ぎた道路脇の、個人の梨畑の奥にあり、おまけに説明板は壊れていて、畑に打ち捨てられていました。説明板

聲月里（月田）古墳

の汚れを払い、「月城古墳」の文字が読み取れたときはさすがにうれしくて、苦労のしがいがありました。しかし、こんもりとした円墳が残るのみで、前方後円墳とは判断しがたかったのは事実です。

■聲月里（月田《ウオルジョン》）古墳
（全羅南道潭陽郡聲月里）

同じ潭陽地域にあるのですが、聲月里古墳は古城里古墳とは違い、道路脇に説明板もあり、簡単に見つけることができました。水田に囲まれた小さな古墳ではありますが、前方後円墳の形がかなりはっきりと見て取れます。前方部にはトウモロコシが植えられていて、今でも耕作地として使われていました。慶北《キョンブク》大学校考古人類学科の朴天秀《パクチョンス》教授は、『加耶と倭　韓半島と日本列島の考古学』（講談社選書メチエ）のなかで、潭陽地域には倭系の倣製鏡が出土した斎月里古墳などもあると、指摘しています。

■伏岩里《ボクアムリ》古墳（全羅南道羅州《ナジュ》市多侍《タシ》面伏岩里八七三－一七）

広々とした田んぼの中に、突然四基の古墳が眼前に現れました。二号墳が前方後円墳です。横穴式石室（熊本県山鹿市臼塚古墳・福岡県苅田《かんだ》町番塚古墳に類似）、墳周土器（福岡県筑紫郡那珂川町小丸一号墳からも出土）、壺形土製品（大分県日田市朝日天神山二号墳に類似品）が出土。長方形をした三号墳が発掘調査されています。

■大安里《テアンリ》古墳群（全羅南道羅州市潘南《バンナム》面大安里）

前方後円墳ではありませんが、伏岩里古墳からチャラボン古墳へと回る途中の道路脇に大安里古墳群がありました。全羅南道羅州潘南面に所在する潘南面

チャラボン古墳

古墳群の一つで、大安里のほか徳山《トッサン》里《リ》、新村里《シンチョンリ》、興徳里《フンドクリ》、石川里《ソッチョンリ》に円墳、方墳、横穴式石室墳が一三基存在しています。大安里九号墳は一九一七〜一八年にかけて谷井《たにい》斎一《さいいち》によって発掘されています。四世紀半ばから五世紀初めの頃のもので、被葬者は潘南王と王族です。

■チャラボン古墳
（全羅南道霊岩《ヨンアム》郡始終《シジョン》面泰澗里《テガンリ》）

栄山江下流臨海部に位置し、外形がチャラ（すっぽん）に似ていることからチャラボンといわれ、道路わきから少し入った海抜六〜七m程の水田の真ん中に、ぽつんと島のように築かれています。一九九一年、姜仁求によって部分的な発掘調査が行われました。全長三五・六m、高さ五m、後円部直径二三・三m、前方部幅八m、長さ二・二五m。前方部より高い後円部は、円形を保っています。

また、二〇一一年、二〇年ぶりに発掘調査が行われたので、筆者が訪れたときは写真のように、黒い網状の布で覆われていました。この調査で六世紀初期～前半頃のものと判断され、墳丘周辺には周溝が巡らされていることも判明しました。周辺地域には、内洞里《ネドンリ》、万樹里《マンスリ》、内洞里草墳ゴル、沃野里《オツヤリ》荘洞など数多くの古墳群があります。

・龍頭里《ヨンドウリ》（マルムドム）古墳（全羅南道海南《ヘナム》郡三山《サムサン》面昌里《チヤンリ》）

三山川水系に分布、海倉湾周辺の集落よりも内陸に築造された前方後円墳です。二〇〇八年に発掘調査が行われましたが、現在古墳の周囲は畑で、三㎞ほど下流に下ると黄海に至る地形から、古墳が築かれた当時は、海上交通の拠点であったと考えられます。

海南長鼓山古墳

一九八六年の調査によりますと、全長四〇・五m、後円部直径二三m、高さ二五・一m、前方部幅一六・七m、高さ三・三m、くびれ部幅一五m、高さ三m、後円部の墳頂平坦面南北七m、東西一二mほどの楕円形をしています。小型ながらかなり明確に前方後円墳とわかる形状をしています。

■海南長《ジャン》鼓《ゴ》山《サン》古墳

(全羅南道海南郡北日《ブツイル》面方山《パンサン》里《リ》)

車が一台やっと通れるような道路脇に単独で一基存在しています。古墳から南側一㎞程で海岸線に達するというので、後円部の墳頂部からも海岸が見えるとありましたが、現在は古墳内の立ち入りはできません。以前は古墳の東側五〇〇mのところまで海水が入ってきたという、海に近接した場所に築かれています。現在確認されている前方後円墳のなかでは最南端に位置し、全体としての形状は良好に保たれています。

一九八六年の調査によりますと、全長七七m、後円部直径四四m、高さ一〇・一m、前方部幅三六m、高さ九・四m、くびれ部幅六・三m。墳丘の形態は日本の前方後円墳と比較してみると五世紀代のものと類似しています。類例としては大和黒田大塚古墳があります。古墳の周辺は低く平らな丘陵が海岸線にまで至る地形で、海上南一一kmへだたった莞島《ワンド》は、統一新羅時代の清海鎮《チヨンヘジン》で、海上交通の要地です。被葬者は、南海岸に面したこの地域で勢力をもち、農業生産のみでなく、海上交通路をも掌握していた地域首長と推測されます。墳周土器が出土。

■馬山里《マサン》杓山《ピヨンサン》古墳（全羅南道海南郡県山面《ヒヨンサン》月松里《ウオルソンリ》）

事前の調査では一三基で構成された古墳群とありましたが、それらしき古墳群は見当たりませんでした。たまたま通りかかった婦人に尋ねると、説明板のある場所を教えてくれました。未調査のためか、説明板には「馬山古墳群」とあるのに、そこからは古墳群は見当たりません。説明板の脇に道らしき痕跡があるので、それを頼りに藪をかき分け、林の中をのぼりますと、草木に覆われた墳丘らしき小高くなった場所を見つけることができました。しかし、前方後円墳の形状は外形だけでは判明しません。途中に、墓地を示す石塔を一基見つけましたので、古墳であることを確認する手がかりとなったのではないでしょうか。

▪長年里咸平《ハムピョン》長鼓山古墳（全羅南道咸平郡孫仏《ソンブル》面竹岩里《チュクアムリ》）

道路を挟んで杓山古墳のすぐ近くの道路脇、一目で前方後円墳とわかる状態で保存されています。古墳から西南約二kmで海岸線に達します。この海岸線を約七〇km北上したところに、竹幕洞祭祀遺跡があります。現在確認されている前方後円墳のなかでは、最も西に位置しています。

現在の規模は全長七〇m、後円部直径三九m、高さ八m、前方部幅三七m、

馬山里杓山古墳

馬山里杓山古墳

長年里咸平長鼓山古墳

高さ七m、くびれ部幅二四m、高さ五m。海南長鼓山古墳とともに大型古墳に属します。墳丘形態は日本の五世紀前方後円墳、河内黒姫山古墳と類似しています。

前方部墳頂から平野越しに黄海を望むとあります。残念ながら霞んで望むことはできませんでした。全体としての形状はよく保存されています。

■**礼徳《エトツ》里《リ》新徳《シンドック》古墳（全羅南道咸平郡月《ウオル》也《ヤ》面礼徳里）**

成洛俊《ソンナクチュン》によって二度の発掘調査が行われました。栄山江支流月也川の水系に位置しています。低く平らな丘陵上に前方後円墳と、一〇mほど離れて円墳（直径約一五m、高さ一・五m）が存在しています。前方後円墳の全長五一m、後円部直径三〇m、高さ五m、前方部幅二五m、高さ四m、くびれ部幅一九m、高さ三・二五m。

韓国で最初に内部構造が明らかにされた前方後円墳です。五世紀代の首長系譜が確認されていない地域に突如出現、近接して大規模に造営された万家村古墳群（三〜四世紀に造営、五世紀にはすでに古墳造営はされていない）がありま

礼徳里新徳古墳

す。被葬者は百済王権に仕えて全羅南道地域一帯に配置された九州の首長で、帰国せず、栄山江流域に埋葬されたものと推定されます（前出・朴天秀教授）。説明板などは整備されていますが、一面ススキと雑草に覆われていて、その形をハッキリ撮影できませんでした。墳丘調査で段築と葺石が確認され、墳丘技法が日本列島から導入されたことも判明しています。石室内部を赤色顔料で塗布した北部九州の横穴式石室が確認され、倭系の副葬品も出土しています。

月桂(月渓)古墳1

月桂(月渓)古墳2

七岩里古墳？

■月桂（月渓）古墳
（全羅南道咸平郡霊光《ヨングァン》邑月渓）

未発掘。全羅北道高《ユ》敞《チャン》郡七岩里《チルアムリ》古墳とともに蘆嶺《ノリョン》山脈を越えた最北端にある前方後円墳です。七岩里古墳から直線距離にして四㎞程離れたところ、大山川に面して独立して位置しています。丘陵尾根上に立地と資料にはありましたが、農家の裏山にあるため、所在はきわめて分かりにくかったのですが、幸いに、通りがかった老人が教えてくれたので見つけることができました。円墳が残るのみで、説明板があったので前方後円墳と確認できました。

日本列島の古墳と比較すると河内はざみ山古墳に近いものです。測量図によると、全長四一・二m、後円部直径二二・五m、高さ六m、前方部幅一九m、高さ二五・五m。南東側の下側に円墳（直径八m、高さ一・五m）があります。

■七岩里古墳（全羅北道高敞郡孔音《コンウム》面七岩里）

今回唯一確認することのできなかった前方後円墳です。法聖浦《ボブソンボ》周辺、九岩川《クアム》水系に突如として現れる前方後円墳です。やや内陸に湾入した地点に位置しています。同じ高敞郡でも、三〜六世紀まで継続して造営された鳳徳里《ポントツリ》古墳群はじめ、多数の古墳が存在する雅山《アサン》地域からは離れています。このことから、七岩里古墳と月渓古墳は五世紀代全羅北道南部の在地勢力の最も中心地だった雅山地域を西方から制圧する位置にあったと朴天秀教授は指摘しています。

さらに朴教授は、被葬者は法聖浦を寄港地として対高句麗戦に動員された可能性があり、その証拠に、栄山江流域を越えた蘆嶺山脈の北方という立地、その北側に位置する竹幕洞遺跡から倭系祭祀遺物（五世紀末〜六世紀前葉）が出土していることを挙げています。

住所を頼りに車のナビとスマートフォンの情報で探しましたが、見つけることができませんでした。地元の老人たちに尋ねても知らないと言います。それらしき場所にはいくつか墓がありましたが、説明板も見つかりませんでした。

■松鶴洞古墳群（慶尚南道固城郡固城邑《コソン》）

本章の冒頭で掲げた問題の古墳です。この古墳は、前方後円墳が集中して分布している栄山江流域から東に約一五〇㎞ほど離れた、慶尚南道固城郡固城邑の西北側丘陵の頂上部にあります。古墳のある固城邑の西南側は固城湾が深く湾入していて、古代から巨済島《コジェド》、対馬を経て日本列島へいたる海上交通の要衝である固城半島の中心に位置していました。

前述したとおり、戦前一九一四年、鳥居龍蔵による古墳調査の写真があり、戦後、一九八三年、姜仁求教授による外形の精密な測量調査によって、前方後円墳であると確認されました。

前方部を北に向け、南北を長軸とする前方後円墳で、全長六六m、後円部直径三三m、高さ四・五m、前方部長さ三三m、幅二四m、高さ三m。前述しましたように、残念ながら現在の形状は、かなり修復されています。最近の調査によって、一号墳、二号墳、三号墳がそれぞれ独立した円墳という見解が主流となっています。

二〇一二年五月一四日に、古墳群に隣接して固城博物館がオープン、筆者はその一カ月後に訪問したことになります。古墳を見学後、学芸員の方の解説を聞きながら展示品を拝観しましたが、そこで解説をしてくれた固城博物館員の見解も、やはり前方後円墳ではないとのことでした。

第三章

任那小史——その呼称の出典から

史書にあるがままに歴史を追う

任那の前身である狗邪《くや》(伽耶・加羅)韓国の名は、西暦二四〇年頃、早くも中国の史書である『三国志』魏書弁辰伝などに出てきます。すでに首長(王)がおり、その国の統治地域は縄文時代より栄え、少なくとも紀元前一〇〇年頃には、北九州の奴国や周辺国、対馬、壱岐と交易を重ねていたことがわかっています。

ところが任那の地をめぐっては、その存在に言及することすらタブーとされる風潮がありました。任那日本府は日本の捏造であると、頭から否定する学者もいます。前章まで述べてきたように、朝鮮半島南部と日本(倭国)の関係を示す遺跡や遺物は多く、こうした事実に基づいて考えると、古代において半島南部は、倭国の影響下にあったとするのが自然ではないでしょうか。史実にはきちんと目を向けなくてはいけません。中国の史書にも任那に関する記載があるのです。

本章では、古代朝鮮半島において（時代とともに変遷はあったものの）日本の施政下にあったと考えられる任那の歴史を、簡潔に述べていきましょう。

任那の建国期に触れた中国の史書は『後漢書』韓伝、『三国志』魏書韓伝などがあり、二四〇年頃、弁韓（加羅）には一二カ国が分立し、それぞれ王を戴いていたと記されています。その称号には、高位から臣智《しんち》、険側《けんそく》、樊濊、殺奚《さつけい》、邑借《ゆうしゃく》と続いていました。生計は農業、織物によって立て、鉄を産出したとあります。

ここで注目すべきは次の記述です（以下の傍線は筆者による）。

㈠大倭王《だいわおう》は邪馬臺《やまと》国に居住している。楽浪郡の〔南の〕境界は、邪馬臺国から一万二千里も離れており、倭の西北と境界をなす狗邪韓《くやかん》国（慶尚南道金海郡地方）から七千余里離れている。（『後漢書』倭伝）

㈡〔帯方〕郡より倭に行くには、郡を出発して、まず海岸に沿って航行し、韓〔族〕の国々を歴《へ》て、乍《しばらく》は南に、乍は東にすすんで、その北岸の狗邪韓国《くやかんこく》に到着する。〔この間の距離は〕七千余里である。（『魏志倭

図3-1　弁韓・辰韓地名比定図

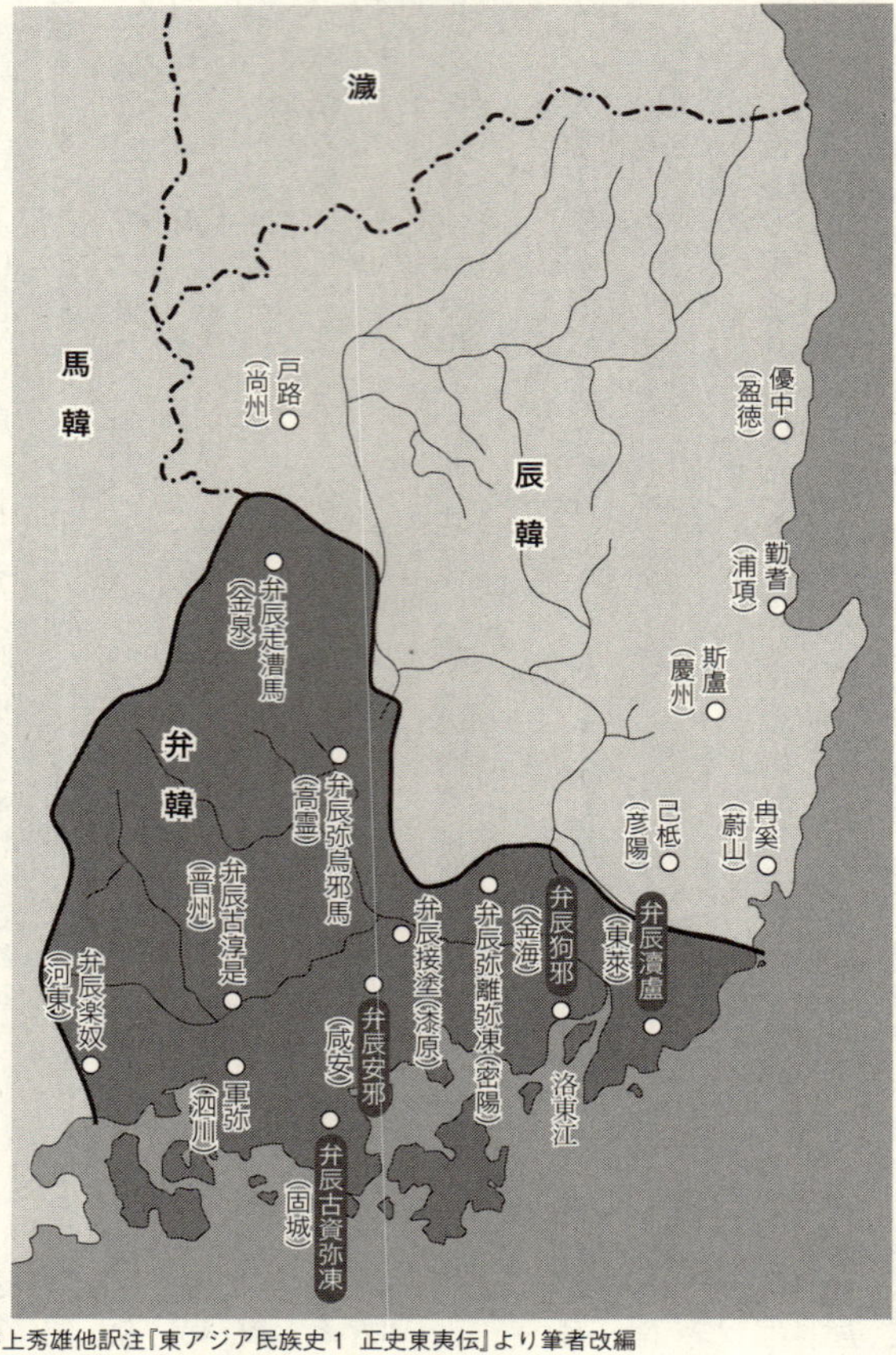

井上秀雄他訳注『東アジア民族史１　正史東夷伝』より筆者改編

図3-2　韓国東南部沿岸の倭地

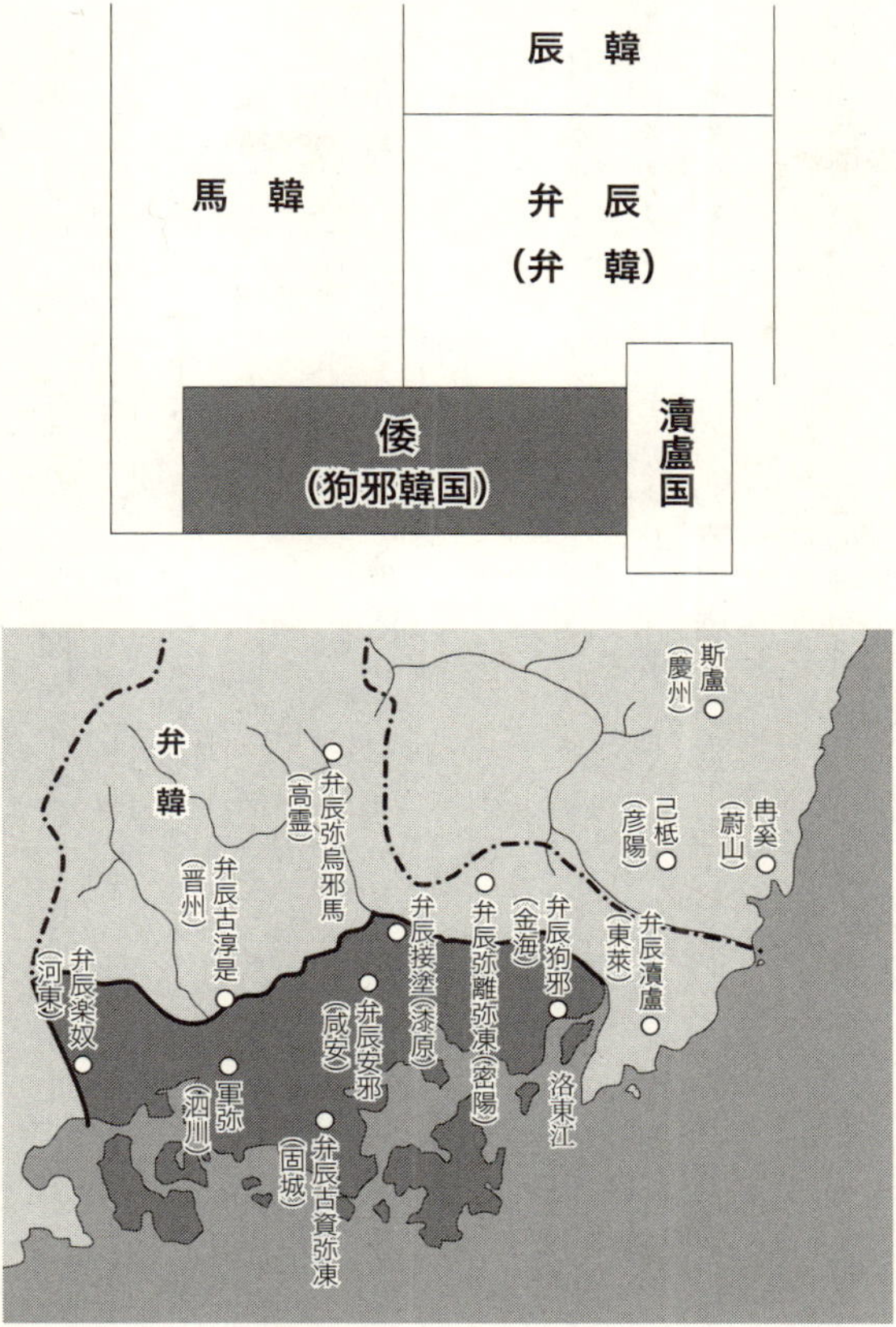

井上秀雄他訳注『東アジア民族史１ 正史東夷伝』より筆者改編

人伝』）

㈢馬韓は西〔部〕にあり、五十四国がある。〔馬韓の〕北は楽浪〔郡〕と、南は倭《わ》と接している。（中略）弁辰は辰韓の南にあって、これまた十二国ある。〔弁辰の〕南もまた倭と接している。（『後漢書』韓伝）

㈣韓は帯方《たいほう》〔郡〕の南にあって、東西は海をもって境界とし、南は倭《わ》と〔境界を〕接している。（『三国志』魏書韓伝）

㈤弁辰は、辰韓と入り雑って生活している。（中略）〔弁辰の〕瀆盧国は倭と〔境界を〕接している。（『三国志』魏書弁辰伝）

これらをまとめてみると、一一四ページ・図3－1のごとくとなり、倭は狗邪韓国を勢力下に置き、やや広く解釈すると、一一五ページ・地図（図3－2）の洛東江《ナクトンガン》および南江《ナムガン》以南の六カ国程度は傘下におさめていたと解釈されます。

最近出版された『魏志倭人伝の謎を解く　三国志から見る邪馬台国』（渡邉義浩著、中公新書）では、前項の㈡について、以下のように解釈しています。

【原文】
從郡至倭、循海岸水行、歴韓國、乍南乍東、到其北岸狗邪韓國。七千餘里。

《訓読》
郡より倭に至るに、海岸に循《したが》ひて水行し、韓国を歴《へ》、乍《あるい》は南し乍《あるい》は東し、其《そ》の北岸の狗邪韓国に到る。七千余里なり。

【渡邉氏の解釈】
帯方郡《たいほう》から倭に行くには、海岸に沿って海を行き、韓国《かんこく》を経て、あるいは南にあるいは東にすすみ、倭の北方の対岸にある狗邪韓国《くやかんこく》に到着する。この間は七千余里である。

渡邉氏は自ら進んで「北岸」に「北方の対岸」といった意味を加え、狗邪韓国は倭に属する国ではなく、倭の北岸（たとえば那の津、博多）の対岸であるとしています。曲解といわざるをえません。

多くの日韓の歴史学者が朝鮮半島南部の沿岸部が倭国の影響下にあったことを認めず、右に挙げたような解釈を続けていますが、このことに触れているのは『魏志倭人伝』だけではありません。ひとりよがりな解釈はやめて、あるがままに歴史を追うべきではないでしょうか。

『後漢書』倭伝、『魏志倭人伝』、『後漢書』韓伝、『三国志』魏書韓伝、『三国志』魏書弁辰伝による倭の半島南部海岸への進出状況は、先述したごとく、馬韓の南、弁辰の南、韓の南、弁辰の瀆盧《とくろ》国は倭と境界を接しているとあります。したがって倭国の一部は、朝鮮半島南部にあったということになります。

任那地域の中心・金官国

本章の冒頭でも触れましたが、任那を構成する一国となった狗邪（伽耶・加羅）韓国の名が最初に記されたのは、中国の史書『三国志』魏書弁辰（弁韓）伝においてです。

魏朝は西暦二二〇～二六五年の四五年間存続しますので、この「弁辰（弁韓）伝」の記事は、早ければ二二〇年頃、遅ければ魏朝成立後、つまり旧満州南部～朝鮮半島の楽浪郡・帯方郡が二三八年に公孫氏の勢力圏から魏朝の支配下に移ったあたり、二四〇年頃と考えられます。

『三国志』魏書弁辰（弁韓）伝は次のように伝えています。

(一)弁辰は一二国を数えるが、また多くの小さな別邑（小国）があり、そこにはそれぞれ渠帥（首長）がいる。その勢力が大きな者を臣智と名付け、以下、

図3-3　金官国王系図

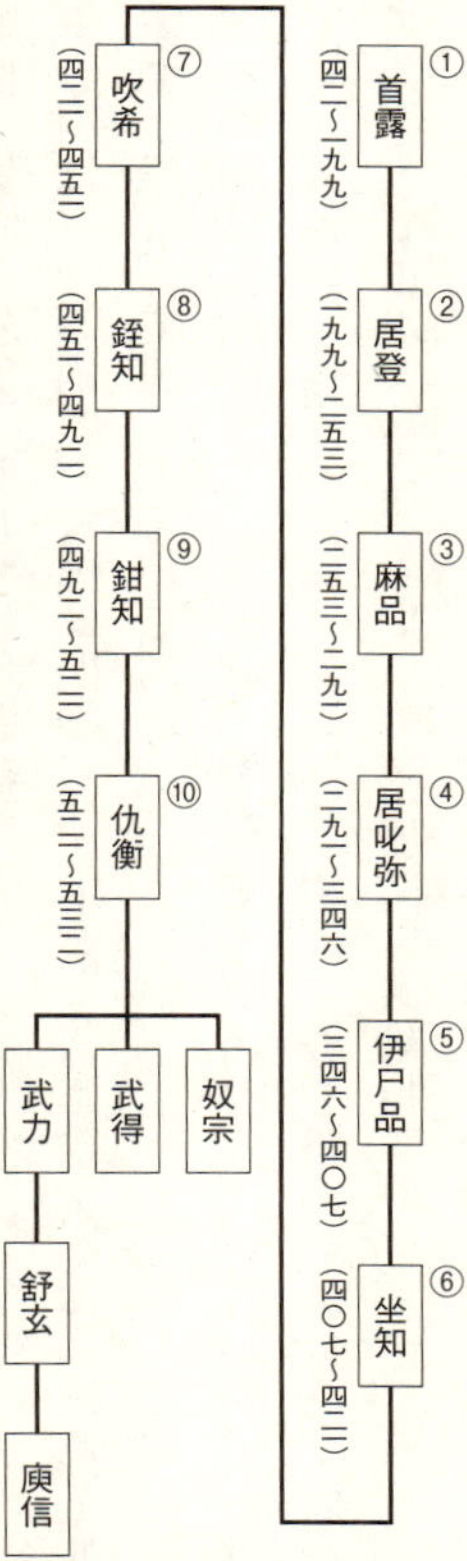

監修森浩一、編著東潮、田中俊明
『韓国の古代遺跡　2百済・伽耶篇』
（中央公論社）より

険側、樊濊、殺奚、そして邑借と続く。

㈡主な国は、一二国で、大国は四〇〇〇～五〇〇〇家、小国は六〇〇～七〇〇家で、総計して四、五万戸である。

㈢国々から鉄を産出する。韓・濊・倭がみな鉄を取っている。どの市場の売買でも、みな鉄を用いていて（それは）中国で銭を用いているのと同じである。そしてまた（鉄を楽浪・帯方）二郡にも供給している。

㈣弁辰（弁韓）は、辰韓（後の新羅）と入り雑って生活している。また弁辰（弁韓）には織部があり、衣服や住居は辰韓と同じである。言語や法俗も共に似ている。


まずここからわかってくることは、それぞれの小国に王がいて、計一二名の首長（王）が存在していたということです。やや後世のものですが、わずかに狗邪（伽耶・加羅）金官（加羅）国の王家の系図が残されており、王家の存在を裏付けています。

もっとも、この王家も知られているのは伝説上の始祖王である首露《しゅろ》王の名と、四七九年に中国（南斉朝）に朝貢した荷知（銍知？）王、それに最後の王である仇衡王（金仇亥）の三人のみです。五三二年、王妃が三王子を連れ新羅に投降し、ここに金官国は滅びます。

この王家は『三国史記』には記録はなく、いわゆる野（民間）史である『三《さん》国遺事《ごくいじ》』（一二七五～一二八一年、高麗の高僧一然《イリヨン》による私撰の史書）に『駕洛國《からこく》記《き》』として系図だけ遺されているもので、四二年から五三二年の間に十代の王しか在位していないことになります。平均在位四九年で、古代においてこのような長い治世が、父子相続で続くことはありえず、この国の場合、滅亡までの間には、断絶、王位簒奪、倭国系王権の王位就任など複雑な経緯をたどったものと考えられます。

いずれにせよ、金官国の王家自体は、倭国の直接、間接の影響のもとで、任那といわれる地域の中心（金官伽耶）として、二〇〇年頃から五三二年まで栄えたことになります。

倭人の居留地、橋頭堡が任那になった

さらに『三国志』魏書弁辰（弁韓）伝は、人口の大小についても触れています。

原文では辰韓・弁辰（弁韓）あわせて二四国、四～五万戸とありますが、弁辰（弁韓）はその半分の一二国ですから、人口も単純に二分の一としますと、この弁辰（弁韓）一二国の二～二・五万戸は、玄界灘を渡った対岸（倭国）の奴国一国の戸数と同程度になります。

『魏志倭人伝』によれば、奴国（現在の福岡市周辺）が二万戸とあり、東隣の伊都国には国王が残っているものの、大和朝廷の一大率《いちだいそつ》（後の大宰府）が置かれ、この地域は政治・経済・貿易の中心地でありました。瀬戸内海航路、山陰航路、そして壱岐・対馬・加羅（金海）を経由して、帯方郡、楽浪郡への交易港としてにぎわっていたのです。中国から来て居着いてしまった商人、中国語を解する中国人帰化役人たちも含め、多数居住していたものと思われます。

その奴国が、五七年に単独で後漢朝に朝貢し、印綬を与えられています。有

名な「漢委奴国王印」の金印紫綬ですが、注目すべき点は、奴国がやみくもに後漢朝に向かったのではなく、朝賀、正月の祝いに出かけていったという点です。このことはすなわち、倭国の中の有力国であった奴国が、すでに「暦」を理解して行動していたということになります。単純に規模が大きいという意味の有力国ではなく、大陸と交渉するだけの文化も人材も備えていたのです。

奴国の話が長くなりましたが、その奴国のカウンターパートが狗邪（伽耶・加羅）韓国でした。縄文時代より交流を重ね、人的・物的交流を重ね、玄界灘をはさむ北岸・南岸、途中の対馬・壱岐そして沖ノ島には、その長い歴史の跡が遺されているのです。

こうした状況のなか、弁辰（弁韓）全一二国に匹敵する国力をもった奴国、加えていえば伊都国、末盧国なども含め、北九州の諸国は、楽浪・帯方郡の文化を求めて交流に出かけていったに違いありません。その中継地が狗邪（伽耶・加羅）韓国でした。

早い時期から倭人の居留地、橋頭堡が朝鮮半島の南岸である金海の地に設けられたものと考えられます。そのエリアが、任那の地になるわけです。

広開土王碑に刻まれた「任那」の文字

そこで「任那」という地名ですが、任那という呼称について、まず決定打となるのが、四一三年に建てられた高句麗の広開土王碑です。

碑文のなかでは倭の文字が九〜一一回、任那加羅の呼称が一回、安羅人戎《じゅう》兵《へい》の名が三回出てきます。三九一年から四〇七年の戦役で、倭国が加羅（金官)、安羅とともに高句麗、新羅と戦ったときのことが刻まれています。

高句麗軍は半島東部を南下、金城（新羅王都）から慶尚南道の加羅（金官）を一気に突きました。安羅人戎兵が善戦したのか、高句麗は攻撃地での長居は避け、ヒットエンドアウェイ式に任那加羅地方を蹂躙《じゅうりん》、北方に引き揚げていました。

結果的に任那加羅は一過性の侵攻で事態は回復しましたが、高句麗に援軍を求めた新羅は、この時より五〇年近く、とくに軍事面で高句麗の管轄下に入り、駐留軍を受け入れることになります。一方、半島の西部戦線では倭国・百

「任那」の写本（徐新建著『好太王碑拓本の研究』より改編）

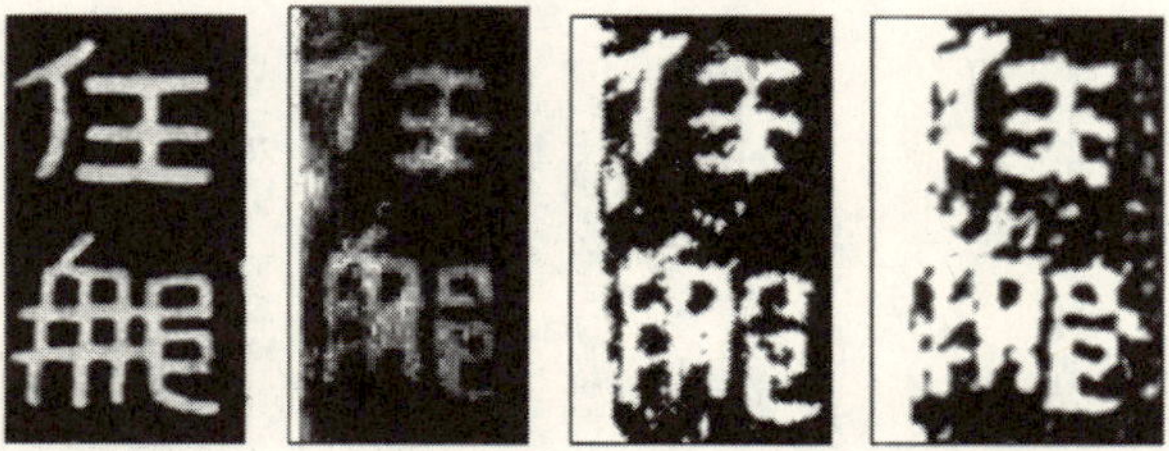

酒匂本　東大考古室本　シャバンヌ本　羅振玉本

済の攻勢は頓挫《とんざ》し、劣勢に追い込まれますが、百済は王都漢江を依然確保しており、この戦役の結果は五分五分に終わったのではないかと考えられます。

まずは碑文の高句麗と倭国の全面戦争（東部戦線は高句麗・新羅対倭国・任那加羅、西部戦線は高句麗対倭国・百済）について記された部分を見てみましょう。

三九一年

百殘新羅舊是屬民由來朝貢而倭以辛卯年來渡
海破百殘更□※（討）※新羅以爲臣民

（百済・新羅は古くからわが高句麗の属民であって、もとから朝貢していた。しかるに倭が、辛卯の年に海を渡って来て百済を破り〔更に〕新羅を〔討ち〕両者を臣民と見なすようになった）

三九九年

九年己亥百残違誓与倭和通王巡下平穣

（九年己亥に、百済はかつての誓いに背いて、倭と和親した。そこで王は平穣まで巡幸南下した）

而新羅遣使白王云倭人満其國境潰破城池以奴客爲民歸王請命太王恩慈※稱其忠誠※□遣使還告以□計

（そのとき新羅は使者を派遣して太王に言上した。倭人が新羅の国内に満ちみちて、城壁や濠を破壊し、高句麗の家来である新羅人を民としております。そこで新羅王は、太王に帰服して命令を待とうとしております。太王は情深く、新羅王の忠誠を評価し……使を還らせて、□計を新羅王に告げさせた）

四〇〇年

十年庚子教遣歩騎五萬住救新羅從男居城至新羅城倭滿其中官軍方至倭賊退※※自倭背急追至任那加羅從拔城城即歸服安羅人戎兵□新□城鹽城倭寇委※

潰城内※十九盡拒※随※倭※安羅人戎兵捕※□□□□其村殊□□□□信※□□旦
□倭※□稚□□□□□□興□□□□□辞□□□□□□□□
□□□残倭潰亦※以随□※安羅人戎兵
（永楽十年庚子の歳に、王は歩騎五万を派遣し、往きて新羅を救援させた。男居城より新羅城に至った。倭軍は城中に満ちていたが、高句麗軍の来襲を知り倭軍は自ら城を撤退した。その倭軍の背後から官軍は急追撃して、任那・加羅の従抜城に至った。城はたちまちにして陥落した。安羅人戎兵、新□城、塩城を□した。倭軍は勢いが無くなり潰敗し、城の十人に九人は倭に随うのを拒んだ。安羅人戎兵は……を捕え……。〔倭の残兵は〕ここで潰え、亦以って安羅人戎兵に随□す）

四〇四年
十四年甲辰而倭不軌侵入帯方界和※□残□至※石城※□連船□□□王躬率□
□従平穰□□□鋒相遇王幢要截盪刺倭寇潰敗斬殺無數
（永楽十四年甲辰の歳に、倭は無法にも帯方界に侵入し、〔百済と和通して〕

石城に至り、船を連ねて……したので、好太王は自ら……を率い、平穰から……〔敵の先〕鋒と遭遇した。王の親衛隊は〔敵を〕要撃し切断し、縦横無尽に斬りまくった。そこで残された倭軍は完全に敗れ、斬り殺されたものは無数であった）

四〇七年

十七年丁未教遣※歩騎五萬□□□□□□□王※師□□合戰斬殺蕩盡所獲鎧鉀一萬餘領軍資器械不可稱數還破沙溝城婁※城□※留城□□□□□□□□城

（永楽十七年丁未の歳に、歩兵・騎兵計五万人を派遣して……させた。高句麗軍は、敵と合戦し、刺殺し、全滅させ、獲得した鎧は一万余、軍用物資や兵器は数えきれないほどであった……）

ポイントは以下の二点です。

㈠まず任那加羅という用語です。高句麗としては単純に「加羅」だけでよいのに、大加羅・小加羅という国があったのを知っていたのか、それとも十数カ国の違う名の国の総称である加羅に、任那という名を冠したものでしょうか。筆者は後者と考えます。強国として知られていた安羅《あら》国を除けば、「任那の諸国」「任那の加羅」と呼んでいたのでしょう。たとえていえば、「武州豊島の地」「上総《かずさ》一宮《いちのみや》」という言い方と同じです。

㈡次は安羅です。この国は加羅（金官加羅、南加羅）が五三二年に新羅によって滅ぼされた後も、倭国と提携を保ち、いわゆる安羅日本府を王都近くに設け、任那（南加羅・喙己呑）奪還会議の会場（高殿）の設営を手がけるなど、倭の友好国の一つです。

傍証は中国大陸と新羅の記録

一三一ページ表3－1は南朝への朝貢と、南朝からの官号と将軍号の授与についての記録をまとめたものです。第一章五四ページの表と重複しますが、説明の対象が異なるためあえて掲載しました。

倭国が中国の王朝に対し、天下における自国の軍事管轄を勝手に主張するわけはありません。相手国の存在もあります。事実、百済については倭人の直接、間接的支配下にあったにもかかわらず、百済から不同意だという説明を受けたのか、南朝の役人によって倭国の主張は却下されています。

ということは南朝側が官号、爵位を認めた国に関しては、軍事管轄権を倭国王に正式に認めていたことになります。本表には、新羅はもちろん任那や加羅、そして泰韓（辰韓）、慕韓の国名があります。南朝の外交当局は任那の存在を承知し、こうした国々の軍事管轄権を倭国に委ねていたのでした。

『韓国の古代遺跡　2百済・伽耶篇』（監修森浩一、編著東潮、田中俊明、中央公論社）には次のようにあります。

> 中国史料においては『翰苑《かんえん》』（六六〇年ごろ）蕃夷《ばんい》部・新羅条本文に「地は任那を惣《あわ》（総）す」とあり、分註に「〔撰者張楚金が〕新羅の耆老《きろう》にきいたところ、加羅・任那はむかし新羅が滅ぼしたもので、故〔地〕は国の南七、八百里にあるという」とある。この本文は汎称のようにみえるが、直前の本文の例からすれば「加羅・任那」の省略である。また『通典《つてん》』巻一

表3-1　倭の五王の官号および爵位

南朝	年次	王	分類	官号・爵位
宋	四二一	讃	冊封	安東将軍・倭国王
宋	四三八	珍	自称	使持節・都督倭　百済　新羅　任那　秦韓　慕韓　六国諸軍事・安東大将軍・倭国王
宋	四三八	珍	冊封	安東将軍・倭国王（倭隋ら十三人に将軍号を申請して許される）
宋	四四三	済	冊封	安東将軍・倭国王
宋	四五一	済	加号 進号	使持節・都督倭　新羅　任那　加羅　秦韓　慕韓　六国諸軍事・安東大将軍・倭国王（二十三人に郡太守号・将軍号を申請して許される）
宋	四六二	興	冊封	安東将軍・倭国王
宋	四七七	武	自称	使持節・都督倭　百済　新羅　任那　加羅　秦韓　慕韓七国諸軍事・安東大将軍・倭国王
宋	四七八	武	冊封	使持節・都督倭　新羅　任那　加羅　秦韓　慕韓　六国諸軍事・安東大将軍・倭王
斉	四七九	武	冊封	使持節・都督倭　新羅　任那　加羅　秦韓　慕韓　六国諸軍事・鎮東大将軍
梁	五〇二	武	冊封	使持節・都督倭　新羅　任那　加羅　秦韓　慕韓　六国諸軍事・征東大将軍

山尾幸久著『古代の日朝関係』（塙書房）の表を基に改編

八五・辺防門・東夷・新羅条には「加羅・任那諸国を襲いそれを滅ぼした」とある。

そして朝鮮半島に現存する最古の歴史書、『三国史記』列伝第六強首（王室の公文書作成担当）に、太宗武烈大王（在位六五四～六六一）の時代、唐朝との公文書伝達に力を示した部下が、大王より出生を聞かれ「臣はもと任那加良《にんなから》の人で、名は字頭です」と答えたとあります。これが新羅に遺された、ただ一つの任那という地名になります。

■なぜ『日本書紀』を尊重しないのか

これまで任那という国名・地域名の出典について、朝鮮半島および中国王朝の記録によって探ってきました。ここまでの説明で、少なくとも任那が朝鮮半島史においても、東洋史においても、かなりの確度で史実に裏付けられた存在であることが明らかになりました。

しかし、前出の『韓国の古代遺跡　2百済・伽耶篇』はさらに次のように述べています。

……中国史料においても任那の用例はあるが、伽耶諸国の汎称として用いているわけではない。このような理由もあって、本書では任那という語を伽耶諸国に代えて用いることはしない。『書紀』の構想どおりに「任那史」を説こうとするのでなく、伽耶諸国の史的発展を伽耶諸国の立場で述べようとするならば、「任那」という語がふさわしいとはとうてい考えられない。

こうした学者たちに対して、私は前著（『日本古代史　正解　渡海編』、講談社）で次のように述べました。

左の表は、『日本書紀』と朝鮮半島三ヵ国の国史である『三国史記』（高句麗本紀・百済本紀・新羅本紀）が、任那・伽耶（加耶）・加羅諸国について記述した数を表わしたものです。驚いたことに高句麗本紀はもちろん、百済本紀までもが、加羅諸国については一言も触れていません。

新羅本紀では、「伽耶が人質を送ってきた」というような一文も記述のひとつとして数えていますが、内容も単純で、記載された行数もきわめて限られたものとなっています。それにくらべて『日本書紀』のほうは、内容も豊富で具体的です。記述されている分量も新羅本紀の四十倍から五十倍はあるでしょう。

ところが日本の研究者には、いわゆる津田（左右吉）史観を拠りどころに、『古事記』『日本書紀』を否定する人が少なくありません。そのため、『日本書紀』の研究そのものが疎《おろそ》かになり、現在の日本の文献歴史学の停滞を招いてしまっているように、筆者には思えてなりません。

そして北朝鮮・韓国の歴史学者のなかには、こうした日本の古代史学界の停滞に、まるで便乗するかのような研究姿勢を示す人が目立ちます。任那が倭国の影響下にあったという学説の礎になる『日本書紀』を、日本側の学者が否定してくれるのですから、この学説を快く思っていなかった人々にとって、これほど都合の良いことはないでしょう。

それで『日本書紀』が〝構想どおりに〟とあたかも造作・述作されたようにと、片付けてしまうのです。このような人たちにはまだ理解できないでしょうが、次にあげる三点からも『日本書紀』が歴史的価値の高いものなのです。

㈠全三〇巻（別巻系図一巻）は、一〇のグループに分かれ、きわめて組織的に編纂されていること。したがって、ひとりの独断的な構想などではありえないこと。

㈡肝心の暦に関しては、雄略天皇紀以降は元嘉暦（四五一年招来）によって記録されており、紀年の確実性が増していること。

㈢とくに朝鮮半島の記録については、百済からの亡命、帰化、移住民の代表者・責任者が大和朝廷の求めに応じ、『百済記』『百済新撰』『百済本記』のいわゆる百済三書を献上しており、これが『日本書紀』の要所に挿入され、同時代史料としてきわめて尊重に値すること。

図3-4　任那・伽耶（加耶）諸国関係記録

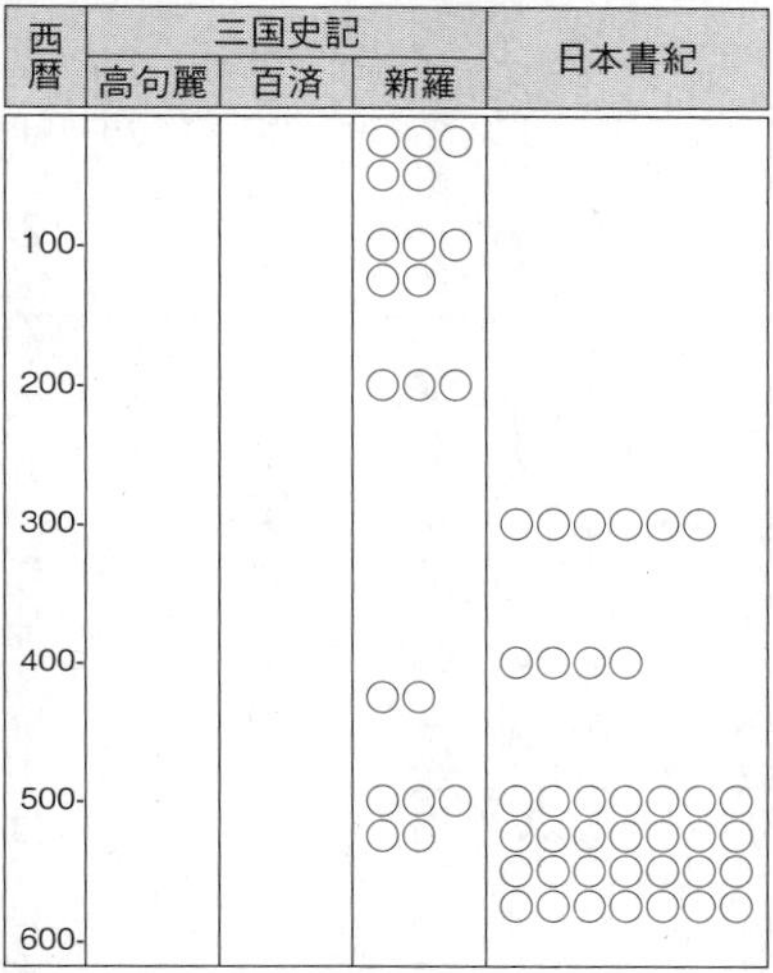

当然、朝廷へのおもねり、過剰な言葉遣いなどはあるでしょうが、これらは当たり前のことで、常識の範囲内でカットすればすむこと。

前ページの図のとおり、任那加羅史は『日本書紀』抜きには成り立たないといえます。

■『日本書紀』に記された人名・地名

神功皇后（三六二～三八九）の治世の後半となりますと、『日本書紀』に任那に関連する具体的な人名・地名が多数出てきます。そこで『日本書紀』の中から、任那に関連する人名・地名を見ていきましょう。

・四六（三六六）年……斯摩《しま》宿禰が卓淳《とくじゅん》国（慶尚北道《キョンサンブクド》大邱《テグ》付近）王末錦旱岐《まきむかんき》を介して、百済の近肖《きんしょう》古《こ》王《おう》（在位三四六～三七五）とコンタクトを取り、百済との交流が始まる。

・四七（三六七）年……百済王、使節を派遣、朝貢。皇太后と太子誉田別尊《ほんだわけのみこと》が面会。

・四九（三六九）年……卓淳国を基地に新羅を攻略。次いで比自㶱《ひじほ》、南加羅、喙国《とくのくに》、安羅、多羅《たら》、卓淳、加羅七国を平定した。さらに西に廻り、忱彌多礼《とむたれ》（済州島《チェジュド》）を攻略、百済に賜った。百済王（近肖古王）と王子貴須《きす》もまた軍を率いて来会した。このとき比利《ひり》、辟中《へちゅう》、布彌支《ほむき》、半古《はんこ》の四邑（村）が自然と降伏した。百済王父子と倭国側は意流村《おるすき》で再会して喜びあった。倭国の千熊長彦のみは百済王と百済国へ行き、辟支山《へきのむれ》に登って盟約した。また古沙山《こさのむれ》に登り、百済の倭国への永遠の朝貢を約束した。

・五〇（三七〇）年……百済より遣使朝貢。皇太后より多沙城《たさのさし》を与え、往還の路の駅とした。

・五一（三七一）年……百済より遣使朝貢。

・五二（三七二）年……百済より遣使朝貢。七枝刀一口、七子鏡一面ほか種々の宝物を献上した。（刀の）鉄は百済の西にある谷那《こくな》の山から出たものという。

・五五（三七五）年……百済の近肖古王が薨去《こうきよ》。

・五六（三七六）年……百済の王子貴須が王（近仇首王《きんきゅうしゅ》）に立った。

・六二（三八二）年……新羅が朝〔貢〕しなかった。その年、襲津彦《そつひこ》を〔派〕遣して新羅を撃った。（百済記はいう、――壬午《みずのえうま》〔三八二〕年、新羅は貴国に貢上しなかった。貴国は、沙至《さち》比跪《ひこ》を〔派〕遣して討たせた。新羅人は、美女二人に着飾らせて、港に〔出〕迎え誘った。サチヒコは、その美女を受けとり、反〔転〕して加羅国を伐った。加羅国王己本旱岐《こほんかき》と、その子百久至《はくくち》、阿首至《あしゅち》、国沙利《こくさり》、伊羅麻《いらま》酒《す》、爾汶至《にもんち》らは、その人民をひきつれて、百済に出奔した。百済は厚遇した。加羅国王の妹既殿至《きでんち》は、大倭《だいわ》に向い、申し上げて、「天皇は、サチヒコを〔派〕遣して、新羅を討たせました。それなのに〔サチヒコは〕新羅の美女を納め、〔新羅のことは〕捨てて討たずに、反《かえ》ってわが〔加羅〕国を滅ぼしました。〔加羅〕の兄弟、人民は、みな流〔離〕して〔悲運に〕沈みました。〔まことに〕憂慮にたえません。それでいま来て申《もう》すのです」といった。

天皇は大いに怒り、すぐさま木羅斤資《もくらこんし》を〔派〕遣して、軍勢を領《ひき》いて加羅に来集し、その社稷《しやしよく》〔国家〕を〔回〕復した。一〔書〕はいう、――サチヒコは、天皇の怒りを知り、とても公〔然〕とは帰国できず、〔ひそかにもどって〕自分から隠れていた。その妹が皇宮で〔寵〕幸されていた。ヒコは、そっと使を遣《や》って、天皇の怒りが解けたかどうかを問うた。妹は夢にかこつけて、「昨夜、夢でサチヒコを見ました」といった。天皇は大いに怒り、「ヒコは、どうしてのめのめやって来たのか」といった。妹は〔天〕皇の言〔葉〕を知らせた。ヒコは、免れることはないと知り、石穴に入って死んだ。）

・六九（三八九）年……皇太后、稚桜《わかざくら》の宮で崩ず。冬、狭城《さき》の盾列《たたなみ》の陵に葬る。

半島南部の任那の小国群名と所在地、そしてその地に名を残した人々の名がだんだんとわかってきます。

以上を読んで小国群を圧倒している倭国の軍事力を主とした影響力が大であったこと、百済の倭国への積極的なへりくだった態度に驚きます。そこでまず、百済側の当時の情勢を見ていきましょう。

三一三年、西晋の楽浪郡（平壌を中心とする平安道《ピョンアンド》）は、高句麗により陥落させられ、そのやや南方の帯方郡（黄海道《ファンヘド》）は、百済の前身である伯済と馬韓諸国・濊《わい》の国々により占領され、高句麗と百済（前身であるものの）は、史上初めて国境を接することになります。

しかしながら高句麗は遼東《りようとう》地方の燕王朝に翻弄され続け、三五五年にも人質を差し出して朝貢、冊封《さくほう》を受けます。その後、仮の平和が四五年間続きますが、高句麗の南のターゲットになったのは百済でした。緒戦は次の『三国史記』高句麗本紀のとおり、百済の圧倒的勝利でしたが、まもなく逆転し、その後、形勢が変わることはありませんでした。

三十九年（三六九）秋九月、王は二万の軍隊を率いて、南進して、百済《ひやくさい》と雉壌《ちじょう》で戦ったが敗れた。

四十年（三七〇）、秦《しん》の王猛《おうもう》が燕国を撃ち破ったので、燕の太傅《たいふ》の慕容評《ひょう》が、〔わが国に〕逃げてきた。王は〔これを〕捕えて秦《しん》に送った。

四十一年（三七一）冬十月、百済王が三万の軍隊を率いて、平壌城を攻撃してきた。王は軍隊を率いて防戦したが、流れ矢にあたって、この月二十三日に薨去した。〔そこで王を〕故国の原に埋葬した。（分注。百済の蓋《がい》鹵《ろ》王は魏《ぎ》に上表して、「釗〈故国原王〉の首を斬って梟《さらしくび》にした」とあるが、これは過大な表現である。）

しかしその後は百済の敗北が続き、さらに三九二年より高句麗は広開土王が即位し、圧力を強化することになります。

任那小国群の姿

四世紀末までを任那前期として、この頃の任那小国家群を簡単に紹介しておきましょう。

①卓淳国（慶尚北道大邱廣域市古名達句伐《タルクボル》）この国は百済から倭国への最初の使者の到達地で、後に倭軍の集積地になった。卓淳王名は末錦旱岐。津田左右吉はこの地を洛東江南部としているが間違い。

②比自炑（慶尚南道昌寧《チャンヨン》）『三国史記』地理志の比自火《ひしほ》郡、また比斯伐郡に当たることは確実である。現在、新羅真興王巡狩碑が建てられている。

③南加羅（慶尚南道金海）〝ありひしの〟と出てくるが、これは後世の混乱によるものと思われる。この南加羅は後述する加羅に対する名と思われ、『三国史記』金庾信《きんゆしん》伝にただ一度「南加耶」としてあるのに比定される。

④喙国（慶尚北道慶山《キョンサン》市）達句伐南方の押督《アプトク》郡に相当する。

⑤安羅（慶尚南道咸安《ハマン》）『三国志』魏書弁辰伝弁辰の安邪国、『三国史記』の阿《あ》尸良《しら》国、また阿羅加耶である。広開土王碑にはこのまま任那安羅、安羅戎兵とある。南加羅が倭国の半島（任那）経営の中心地であったが、その後、新羅による東からの圧力を受け、倭国は安羅国を頼ることになる。

⑥多羅（慶尚南道陜川《ハプチョン》）『三国史記』の大良州、また大耶州で多伐とも書く。

⑦加羅（慶尚北道高霊《コリョン》）南加羅に相対する名と考えられ、『三国史記』にいう大加耶である。

また、以下は西方における倭の征服地です。雄略紀より天智紀に至る一四〇余の朝鮮地名の研究で知られる鮎貝《あゆかい》房之進著『日本書紀朝鮮地名考』所収（国書刊行会）などを参考にたどってみましょう。

①南蛮忱弥多礼……地名からすれば、忱弥とは武州の道武郡、その郡属州、冬音県の音より全羅南道西南端に近い康信の地方である。しかし南蛮という文字が冠されていることから済州島（耽牟羅、耽羅）も候補地となるが、戦旅のついでに済州島という大型島嶼の攻略というのもはばかられ、済州島への発着港である康津県山川の九十浦も考えられる。

②比利……『三国志』魏書韓伝（馬韓の条）には、五〇余カ国中、卑離国、〇卑離国、そして〇〇卑離国という表記が、全部で七国あり、比利＝卑離としてさしつかえないだろう。また後世の『三国史記』地理志によれば、〇〇夫里と呼ばれる郡県が八カ所あり、それらは「村」「城」の意味と解される。

したがって、地名としての比利＝卑離は、比自火の比自、比斯伐の比斯に当て、現在の全羅北道全州とするか、あるいは南道の羅州に比定される。鮎貝氏は前者をとっている。

③辟中……『三国志』魏書韓伝の馬韓の一国である辟卑離国、『三国史記』の辟城、また碧骨、『日本書紀』の辟城に当たり、現在の全羅北道金堤の地に比定できる。

④布弥支……鮎貝氏は、『三国史記』地理志の伐音支県に比定している。現在の忠清南道公州郡維鳩里の北に当たる。

⑤半古……『三国史記』地理志にいう半奈夫里（全羅南道羅州郡潘南の地）が有力視されている。

⑥意流村……意流は当時の百済の王都慰礼城（漢城）の慰礼の対訳とするのがいちばんとされる。大和朝廷の荒田別将軍が王都を訪れ、百済王父子と相会している。なお、荒田別命は崇神天皇の第一皇子豊城入彦命の四代孫で東国の毛野を治め、二人の子息は上毛野と下毛野国造の祖となっている。

⑦辟支山……前述の辟中、碧骨の碧に当たる。

⑧古沙山……『三国史記』地理志にある古阜郡の古名古沙夫里に当たる。現在の全羅北道古阜の地である。
⑨多沙津……倭国との往還駅路で、蟾津江河口。
⑩谷那鉄山……当時、百済王都は広州古邑（南漢山北麓）にあり、これより西方の百済領域の大河としては、臨津江と礼成江になる。いずれをとるか明らかではないが、この二江の上流にある「谷那」は黄海道谷山郡の古名に当てられる。三七二年、この谷那の鉄を使った七枝刀が、百済王太子より神功皇后（誉田別皇太子）に献上されることになる。

百済からの七枝（支）刀の献上

以上、長々と『日本書紀』神功皇后紀に記載された地名を追ってきました。『日本書紀』神功皇后紀は、その半分強を新羅征伐と忍熊《おしくま》王による皇位継承戦、残りを任那をめぐる新羅・百済との争いに、紙幅を割いています。なかでも任那と百済関連の記事は、神功皇后紀四六年（三六六）と四九（三六九）に集中していますが、その二つの記事を地図にしたものを一五〇、一五一ページに示します。

神功皇后（誉田別皇太子）時代の、倭国の半島における地盤はかくのごとく広大なものになりつつありました。一方、当時の百済は建国して間もない時期です。国の範囲は京畿道《キヨンギド》を中心に、黄海道、忠清北道《チユンチヨンブクド》程度のものでした。北方の高句麗による圧迫を受けるなか、南の全羅南道、済州島といった地域に版図を広げる余裕はなく、ただ倭国の全面的な軍事協力を求めざるを得ない時期でした。

筆者は旧馬韓の北部は、伯済が拡大して百済となり、中部が倭国の軍事管轄下にあった慕韓、そして南部が任那の西部地方であったと考えていますが、この時期の倭国・百済間の関係を象徴しているのが、七枝刀の大和朝廷への献上です。

百済の世子（近肖古王の太子で対高句麗戦の主役を務め、王の薨去後に近仇首王として三七五年に即位）より、

（釈文）
（表）泰和四年□月十六日丙午正陽造百練鋼七支刀生辟百兵宜□（復）供侯王
□（大羊）□□□作
（裏）先世以来未有此刀百済王世□奇生聖音故為倭王旨造伝□後世

と刻まれた七枝刀が、七子鏡はじめ重宝とともに、神功皇后紀五二（三七二）年に贈られました。年号は中国の東晋（運康《うんこう》）のもので三六九年に当たります。

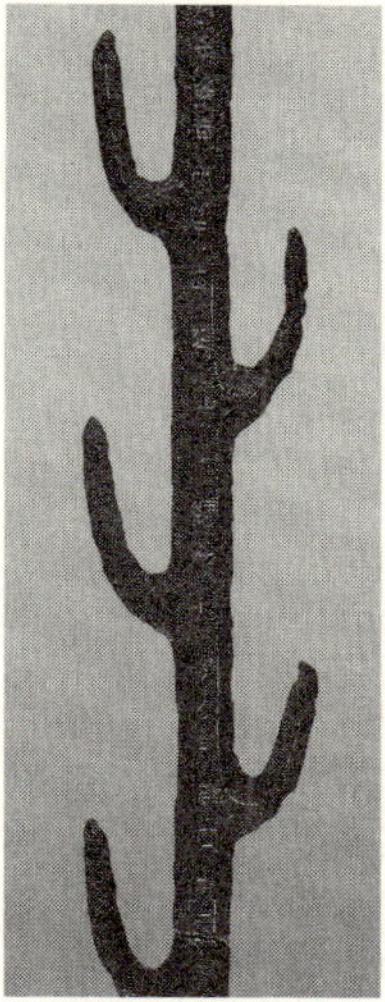

七枝刀
（石上神宮所蔵）
「国宝大神社展」
絵葉書より

高句麗の脅威にさらされていた百済が、倭に同盟を求めて七枝刀をはじめとする宝物を献上してきたのです。一部の日韓の偏った学者たちは、「百済王が倭王に下賜した」「両国は対等の関係にあり、相互依存のなかでの記念品である」などと言っています。

『三国志』魏書弁辰伝と『日本書紀』の国名から

このほか神功皇后以降、各天皇紀にあらわれた任那の小国名、地名などを列挙します。

・応神天皇（在位三九〇～三九四）忱弥多礼、峴南《けんなん》、支侵《ししん》、谷那、東韓（甘羅《かむらの》城《さし》・高難城《こうなんのさし》・爾林城《にりんのさし》）

・雄略天皇（在位四五七～四七八）匝羅《そうら》、喙《とく》（慶山）、熊津《こむなり》（公州）

・顕宗天皇（在位四八五～四八七）爾林《にむり》（高麗の地）、帯山城《しとろもろのさし》（全羅北道 井邑市《チョンウツ》泰仁《テイン》）

・継体天皇（在位五〇七～五三一）上哆唎《おこしたり》、下哆唎《あるしたり》、娑陀《さだ》、牟婁《むろ》（全羅南道のほとんど全域）、伴跛《はへ》、子呑《しとん》、帯沙《たさ》、満渓《まんけい》、爾列比《にれひ》、麻須比《ますひ》、麻旦渓《ましょけい》、推封《すいふ》、喙己《とくこ》呑《とん》、沙都島《さとのせま》（巨済島）、帯沙江《たさのえ》（蟾津江《ソムジンガン》）、汶慕羅《もんもら》（島名）、己汶《こもん》、南加羅《ありひしのから》、喙己《とくこ》呑《とん》、大島（慶尚南道南海《ナムヘ》島？）、熊川《くまなれ》、己叱己利城《こしこりのさし》、多多羅《たたら》原（釜山の南多大《タデ》

浦《ポ》)、須那羅《すなら》、和多《わた》、費智《ほち》、背評《へこおり》、馬山《クシムラ》、刀伽《とか》、古跛《こへ》、布那牟羅《ふなむら》の三城、北境の五城（騰利枳《とりき》牟羅・布那牟羅・牟雌枳《むしき》牟羅・阿夫羅《あふら》・久知波多枳《くちはたき》）、安羅神功皇后紀を主として、継体天皇までの任那の国名、地名など詳細に調査してみました。それにもかかわらず、ある学者は、

> 『日本書紀』巻第九は気長足姫尊《おきながたらしひめのみこと》、つまり神功皇后《じんぐうこうごう》の事績を叙述した巻である。神功紀は新羅の征服などの伝説に彩られ、歴史記録というより倭（日本）と朝鮮諸国との交渉由来をまとめて掲げたと解される。（『東アジアの日本書紀―歴史書の誕生―』遠藤慶太著、吉川弘文館）

といった受け取り方です。著書に七枝刀や広開土王碑などの金石文まで紹介しながら、任那のことには一言も触れず、神功・応神・仁徳天皇以下を無視、天皇として認めているのが継体天皇からなのです。

左に、『三国志』魏書弁辰伝に記録された一三カ国の国名と、『日本書紀』の諸国を対照してみます。誰でもわかるのが⑩狗邪国（伽耶、加羅）と、⑫の安

図3-5　神功皇后紀任那最初の領域図

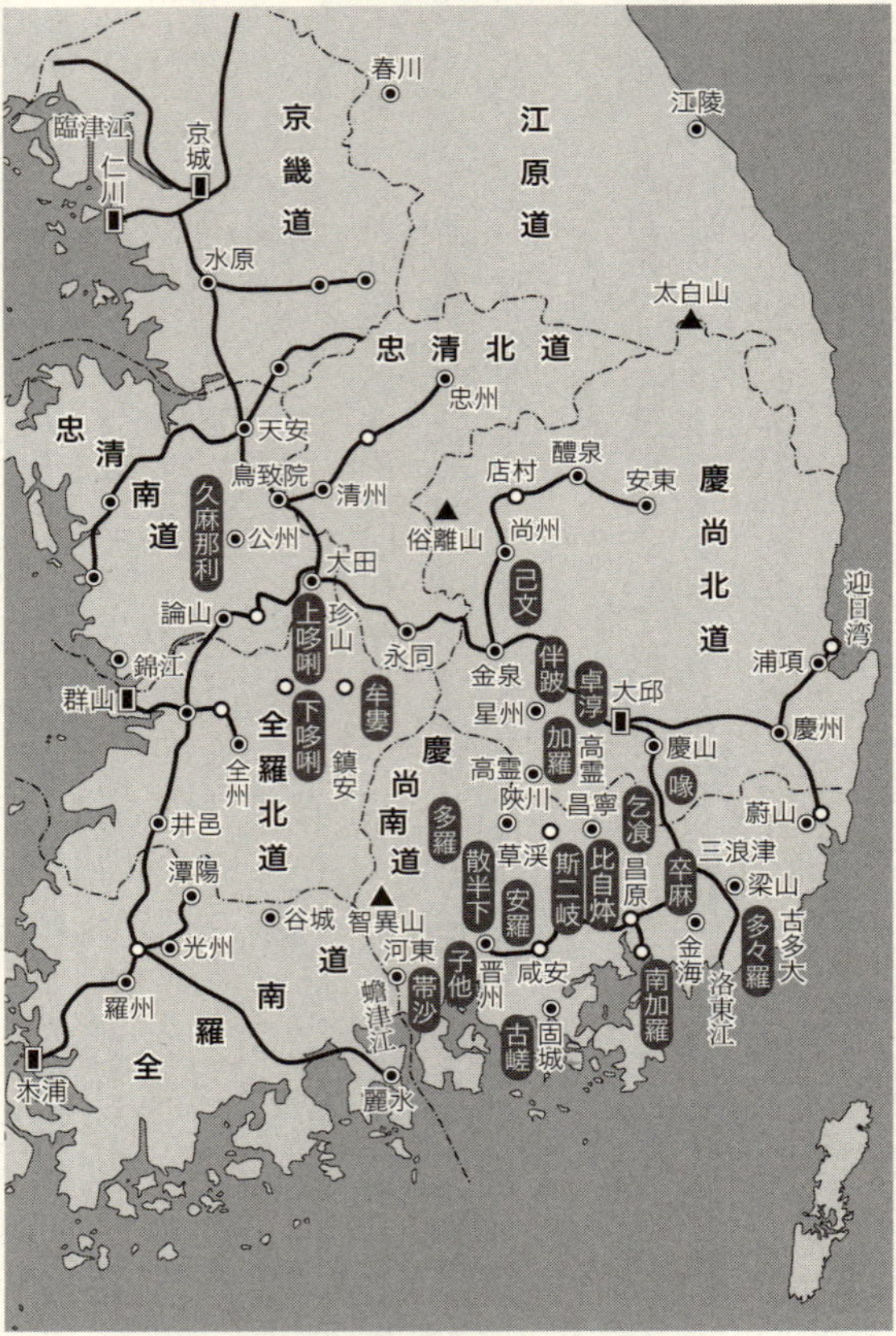

津田左右吉著「任那疆域考」『津田左右吉全集第十一巻』（岩波書店）より改編

図3-6　神功皇后紀四九年百済に賜りたる地域図

津田左右吉著「任那疆域考」『津田左右吉全集第十一巻』(岩波書店)より改編

邪（安羅）です。少なくとも、この両国は弁韓にあったのですから、任那の存在を否定することはできません。

〈『三国志』弁韓国名〉	〈「雑攷」任那国名〉	〈『日本書紀』任那国名〉
①弁辰弥離弥凍国	慶尚左道密陽県	卒麻《そちま》
②弁韓接塗国	今未詳	
③弁辰古資弥凍国	慶尚右道固城古名古自	久嗟《くさ》
④弁辰古淳是国	同　晋州古名居陁	子他？
⑤弁辰半路国	同　草溪古名八谿	星州
⑥弁辰楽奴国	今未詳	帯沙
⑦弁辰軍弥国	慶尚左道昆陽古名昆明	
⑧弁辰弥烏邪馬国	今未詳	加羅
⑨弁辰甘路国	慶尚右道開寧古名甘文	
⑩弁辰狗邪国	同　高霊古名伽耶	南加羅（意富加羅）
⑪弁辰走漕馬国	同（推定）率麻（書紀）	

⑫弁辰安邪国　　同　　咸安古名阿耶　　安羅
⑬弁辰瀆盧国　　同　　巨済古名裳郡

仁徳天皇以降、倭の五王時代の任那

慌ただしかった高句麗・倭国間の一五年にわたる戦役の後、『日本書紀』によれば四〇八年の高句麗使節の来朝により講和状態が実現し、任那は南方に隔絶しているということもあり、しばらく安泰な日々が続いていました。ところが倭国と和を結んだ高句麗は、同じ年、長年戦火を交えた遼東の燕とも和を結び、四二七年に王都を平壌に遷して、いよいよ南下に転じ、百済を攻略することになりました。

その度重なる南進の戦後を追ってみます。

四七二年、百済の蓋鹵《がいろ》王（在位四五五～四七五）は、北魏に高句麗の非道を訴えた上表文を奏呈しましたが、続いて四七八年、倭国の雄略天皇までが、宋朝に高句麗の無道を訴える上表文を奏呈しています。しかしすでにこと遅しです、四七五年、高句麗の長寿王（在位四一三～四九一）は大挙、百済の王都を攻略、陥落させます。

この王都攻防戦は七日七晩続き、王都、宮殿（慰礼城）を焼き尽くし、王、王妃、王子以下全員が殺されたと伝えられていますが、新羅に救援を求めて王都を離れていた王太子（次の文周《ぶんしゅう》王）が後を継ぎ、王都はるか南の熊川（熊津）を雄略天皇から賜ったと、『日本書紀』雄略天皇紀に記録されています。

ところが肝心の文周王（在位四七五～四七七）は、援軍を連れてきたにもかかわらず三年で薨去、その王子三斤《さんきん》王（在位四七七～四七九）も三年で薨去したと、『日本書紀』雄略天皇二三年の条で伝えています。蓋鹵王の直系でない傍系の戚族のことゆえの王家断絶ではないかと考えられます。

この間のことを、『日本書紀』雄略天皇紀は、五（四六一）年、蓋鹵王の弟、昆支王の一家を質子《しちし》として大和に受け入れる途中、筑紫の各羅《かから》（加唐）島で一行の女性が出産、生まれたのは蓋鹵王の庶子《しょし》（斯麻《しま》、島の君）で、昆支王は母子を本国に帰国させた、と伝えています。この昆支王の次男（末多《また》王）が後の東城《とうじょう》王（在位四七九～五〇一）で、そして筑紫で生まれた島の君が武寧王

（在位五〇一～五二三）と、それぞれ百済で即位することになります。大和朝廷と百済王家の密接な関係が強くうかがえます。

第四章

任那の日本府

最初に「日本府」の呼称を使ったのは新羅王

「日本府（倭府）」という機関名が初めて出てくるのは、『日本書紀』の雄略天皇八（四六四）年のことです。そして注目されるべきは、この機関名を言葉にしたのが新羅王（慈悲麻立干《じひまりつかん》、在位四五八〜四七九）だったことです。新羅王は、新羅が高句麗の来襲を受け、国は累卵《るいらん》の危機にあると、使を任那王に出し、「日本府の軍将ら」の救援を願い出たのでした。記録に残るかぎり、「日本府」という名称を使ったのは日本（倭）人ではなく、新羅王だったのです。

そのことはあらためて後述することにして、雄略天皇八（四六四）年から欽明天皇一三（五五二）年の八八年間に、『日本書紀』に記載された「（任那）日本府」という名称を使用した側からの例を次ページに挙げてみました。『日本書紀』の記述が多いのは当然と思いますが、なんと百済と聖明王《せいめい》（在位五二三〜五五四）の記述例を併せますと一六件となり、倭国の一四件（朝廷一件プラス『日本書紀』一三件）よりも百済の使用例が多くなります。

とくに聖明王の場合は、『日本書紀』が引用している『百済本紀』（注・『三国史記』の百済本紀とは違い、百済の亡命、移住要人が大和朝廷の要求に基づいて提出した一時期の本国史）です。リアルな肉声とも言っておかしくない記述がされており、王自身の言葉に違いないものと思われるものです。

ここでは三五件にとどまっていますが、いわゆる任那の起源は、地域名はともかくとして、日本（倭）人たちの居留地という面から見ると、少なくとも『魏志倭人伝』（二三九〜二四九年の間の倭国と倭人を詳述）にさかのぼることができます。前章でも述べたように、当時、倭人は弁韓の鉄を、韓、濊とともに競って取っていました。さらに楽浪郡、帯方郡との交易の中継地として狗邪韓国（金官伽耶・加羅）を中心に居留地を形づくっていたと考えら

雄略8年から欽明13年間に記載された「日本府」は35件

・日本府使用機関

新羅王：1件

聖明王（百済）：4件

百済：12件

任那の日本府：1件

任那の吉備の臣：1件

任那の旱岐：1件

朝廷：２件

『日本書紀』の記述：13件

れます。もちろん、個人ごとにバラバラに住んでいたのではなく、集団で暮らしており、これまた当然のことながら集団の長、ミニ国司、率といった人物が存在していたはずです。

「大和朝廷の出先機関」という必然

『日本書紀』神功皇后紀四六(推定三六六)年の記載も参考になります。倭国と百済(近肖古王、在位三四六〜三七五)との国交が始まる数年前のことです。そこには、(任那・加羅諸国では北方の)卓淳国に遣使した、この国の王は百済から「倭国の遣使が来たら知らせてくれと言われていたので、倭国と卓淳国の家臣は一緒に百済に行った。百済王は非常に喜んで日本の遣使に贈物をした」、とあります。

近肖古王の即位の年三四六年は東洋史に、「この年、百済が興る」とありますが、いわゆる〝馬韓諸国四カ国〟の筆頭であった伯済国が、百済と名を変え東洋史に登場したのです。

百済は、(任那)加羅諸国では、北方に当たる卓淳国(現在の大邱市。王は末《ま》錦旱岐《きむかんき》)を仲介して、倭国との関係を求めますが、これに対応したのが斯摩宿《しま》禰で、部下の爾波移《にはや》と、過古《わこ》という卓淳人の二人を百済に派遣し、近肖古王に面会させます。筆者はこの斯摩宿禰は、任那加羅をベースに活動していた人物と考えています。なぜなら、この時期より二〇～三〇年間、次のような事態が相次いで、しかも並行して起こってくるからです。

①大和朝廷からの倭人の百済派遣が続くこと。
②百済への軍事的バックアップが強まること。
③それとともに、百済への政治的介入(国王の廃立)が始まること。
④当然のことながら、百済より大和朝廷への朝貢が頻繁になること。
⑤倭国(任那加羅)と新羅間の緊張が高まってくること。

これらの背景には、日本(倭国)の国力増大、北方よりの高句麗の脅威などが、挙げられます。これらの事態には直接、現地・前線で受け止めざるを得なかったはずです。その役割を果たしたのが、任那加羅という大和の出先機関、役人集団だったのでしょう。そして倭人居留民の増大にともない、行政面でも内容の充実が図られたはずです。

倭国の軍と行政を司った「半島司令部」

これでもまだ任那の成立、大和朝廷の出先機関の存在について疑問があるならば、次の高句麗と倭国間の一五年間にわたる戦役についての記録もあります。

高句麗側の資料は第一九代広開土王の業績を顕彰した広開土王碑（四一三年建立）、そして日本（倭国）側の資料は『日本書紀』の応神天皇紀ならびに仁徳天皇紀によったものです。これまでに述べてきたことと重複する部分もありますが、あらためて以下に示します。

三九一　百済・新羅は古くからわが高句麗の属民であって、もとから朝貢していた。しかるに倭が、辛卯の年に海を渡って来て、百済を破り〔更に〕新羅を〔討ち〕両者を臣民と見なすようになった。

秋九月、高句麗王が、使を〔派〕遣して朝貢した。そして上表した。その〔上〕表〔文〕は「高句麗王が、日本国に教える」とあった。太子ウジノワキイラツコは、その表を読んで怒り、高麗使を、表の形が無礼だと責め、そくざにその表を破った。（筆者注・高句麗王が倭に撤退要求か？）

（広開土王碑）

三九六　そこで百済の国主は困りぬき追いつめられて、男女の奴隷一千人と上質の布千匹をさし出し、王の前に跪《ひざまず》いて、これよりのち永く家臣としてお仕え申上げましょうと誓った。

（『日本書紀』）

三九九　九年己亥に、百済はかつての誓に背いて、倭と和親した。そこで王は平壌まで巡幸南下した。そのとき新羅は使者を派遣して太王に言上した。倭人が新羅の国内に満ちみちて、城壁や濠を破壊し、高句麗の家来である新羅人を民としております。そこで新羅王は、太王

（広開土王碑）

に帰服して命令を待とうとしております。太王は情深く、新羅王の忠誠を評価し……使を還らせて、□計を新羅王に告げさせた。

（広開土王碑）

四〇〇　永楽十年庚子の歳に、王は歩騎五万を派遣し、往きて新羅を救援させた。男居城より新羅城に至った。倭軍は城中に満ちていたが、高句麗軍の来襲を知り倭軍は自ら城を撤退した。その倭軍の背後から官軍は急追撃して、任那・加羅の従抜城に至った。城はたちまちにして陥落した。安羅人戎兵、新□城、塩城を□した。倭軍は勢いが無くなり潰敗し、城の十人に九人は倭に随うのを拒んだ。安羅人戎兵は……を捕まえ……。〔倭の残兵は〕ここで潰え、亦以て安羅人戎兵に随□す。

（広開土王碑）

四〇四　永楽十四年甲辰の歳に、倭は無法にも帯方界に侵入し、〔百済と和通して〕石城に至り、船を連ねて……したので、好太王は自ら……を率い、平壌から……〔敵の先〕鋒と遭遇した。王の親衛隊は〔敵を〕要撃し切断し、縦横無尽に斬りまくった。そこで残された倭軍は完全に敗れ、斬り殺された者は無数であった。

（広開土王碑）

四〇七　永楽十七年丁未の歳に、歩兵・騎兵計五万人を派遣して……させた。高句麗軍は、敵と合戦し、刺殺し、全滅させ、獲得した鎧《よろい》は一万余、軍用物資や兵器は数えきれないほどであった。

（広開土王碑）

四〇八　秋七月三日、高麗国が、鉄の盾《たて》、鉄の的《まと》を貢〔上〕した。

（仁徳一二年）八月一〇日、高麗の客を朝〔廷〕で饗〔応〕した。この日、群臣および百寮を集め、高麗が献じた鉄の盾、的を射させた。諸人は的を射通すことができなかった。的臣《いくはのおみ》の祖である盾人《たてひと》宿禰だけが、鉄の的を射通した。高麗の客たちが見て、その射のすぐれて巧みなのにおそれいり、いっせいに起〔立〕して拝朝した。（筆者注・高句麗の講和交渉使の来朝か？　そして講和の成立と思われる）

（『日本書紀』）

これらの記録によれば、大和朝廷は三九一年に出兵、四〇〇年には新羅を主戦場に高句麗と対戦、その敗戦にもかかわらず、四〇四年には百済出兵とともに高句麗の帯方郡に侵攻します。(これまた高句麗の記録によれば)敗戦を重ねた直後、四〇四年に再戦しています。いずれも高句麗は五万の兵を投入したとあり、これに対する日本(倭国)側もそれに相当する兵力を備えていたと考えられます。

碑文中に、任那加羅、安羅と任那の二国名が出てきます。強力なパートナーであった安羅国の兵に加え、加羅国も戦いに加わっていた可能性も大きいと考えられますが、総兵力五万の兵を養い、陸上、海上と北方に兵を進めるには、総司令部的存在、それも一五年間にもわたって運営管理していく機関が必要になるのは当然です。「任那日本府」の呼称はともかくとして、日本列島各地から派遣された将軍たちの残留は必須のことでした。

これまで長々と述べてきましたが、任那日本府の存在は、早くて西暦二〇〇年頃、妥当な線でも三七〇年頃、確実なのは三九〇年頃からと断言できると思います。

新羅王による任那王・日本府への救援依頼

　前述したように雄略天皇八（四六四）年、「日本府」を名指しで接触してきたのは、新羅王でした。ときの新羅王（慈悲麻立干、在位四五八〜四七九）が、任那王に遣使し、「高麗王がわが国を征伐しに来ました。〔新羅〕はつづり合せた吹《ふ》き流《なが》しのよう〔高麗の思いのまま〕です。国の危いのは、重ねた卵以上で、命の長短は、とても計れぬところでございます。伏して救いを日本（筆者注・倭）府の軍将らに請います」といった。そこで任那王は膳臣斑鳩《かしわでのおみいかるが》、吉備臣小梨《おなし》、難波吉士《きし》赤目子《あかめこ》をすすめて、新羅救〔援〕に行かせたというのです。

　膳臣と吉備臣は、古代中央豪族で、難波吉士は大阪湾一帯の勢力をバックに、大和朝廷の軍事外交を担った一大豪族です。これら三大豪族を代表する将軍たちが揃って新羅救援に出向くには、高句麗と一大決戦に臨むためのものと思われますが、二、三年、数次にわたっての戦いが、一つにまとめられたという可能性も否定できません。

この新羅王が要請へと至った事由の発端は、約六〇年前にさかのぼります。前項の年表にもある通り、高句麗による新羅救援（三九九、四〇〇年）で、高句麗は倭国と任那諸国の軍勢を国内から駆逐した（救援の実は挙げた）にもかかわらず、全面駐留ではないものの、居すわりを決め込みます。

高句麗はまず、自国に人質として取っていた太子実聖王《じっせい》（在位四〇二〜四一七）と訥祇王《とつぎ》（在位四一七〜四五八）の二人を新羅に帰して、擁立して影響力をおよぼしていました。加えて高句麗王は精兵一〇〇人を遣わして駐留させています。

その間、約六〇年、高句麗が新羅の首都全域（現在の慶州市）に遺した文物は、皇南洞《ファンナムドン》古墳（14号、109号、110号）、皇南大塚《デチヨン》北墳、路西洞《ノソドン》古墳群（瑞鳳塚《ソボンチヨン》、壺杅塚《ホウチヨン》）などに顕著な形で残されています（後述しますが、とくに高句麗長寿王の時代の紀年銘入りの壺杅＝四一五年製、銀盒＝四五一年製は高句麗影響下、もしくは半占領下の新羅を物語っています）。

そして次の慈悲王《じひ》（在位四五八〜四七九）時代の新羅です。『日本書紀』は倭

図4-1　慶州市内の古墳群

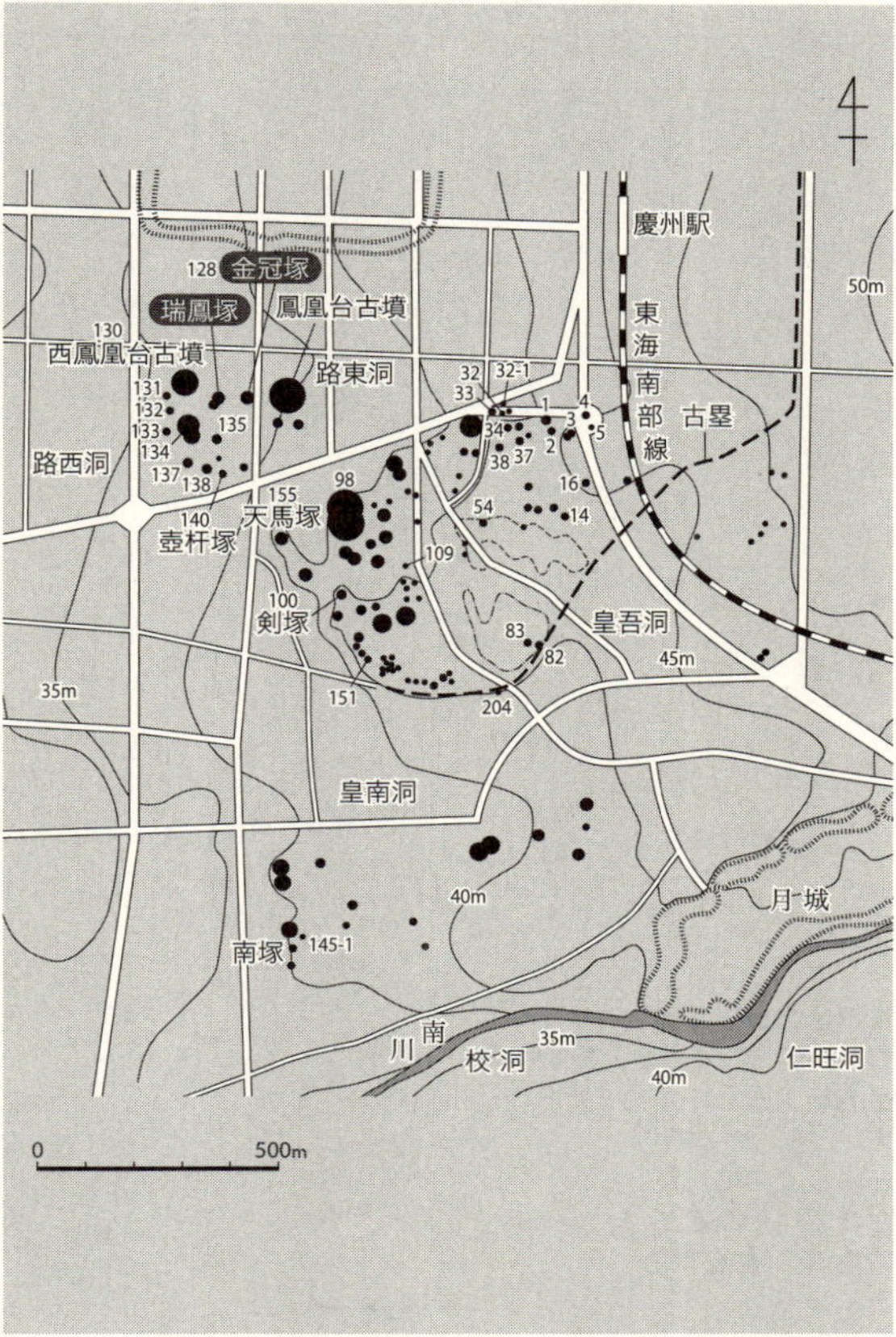

監修森浩一、編著東潮、田中俊明『韓国の古代遺跡　1 新羅篇（慶州）』（中央公論社）より

図4-2　皇南洞古墳公園味鄒王陵地区の古墳分布図

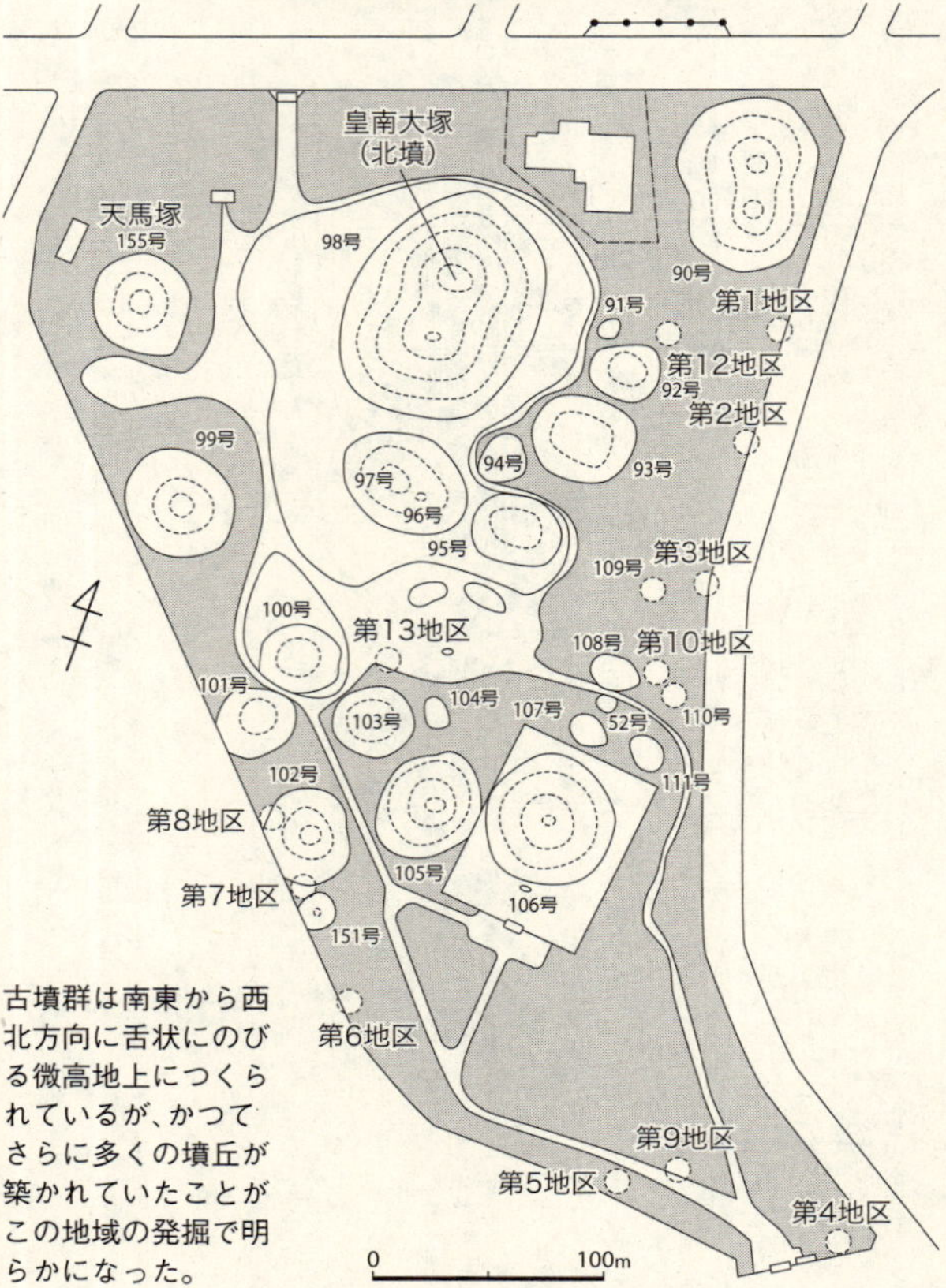

古墳群は南東から西北方向に舌状にのびる微高地上につくられているが、かつてさらに多くの墳丘が築かれていたことがこの地域の発掘で明らかになった。

監修森浩一、編著東潮、田中俊明『韓国の古代遺跡　1 新羅篇（慶州）』（中央公論社）より

図4-3　高句麗文物の伝播(1)

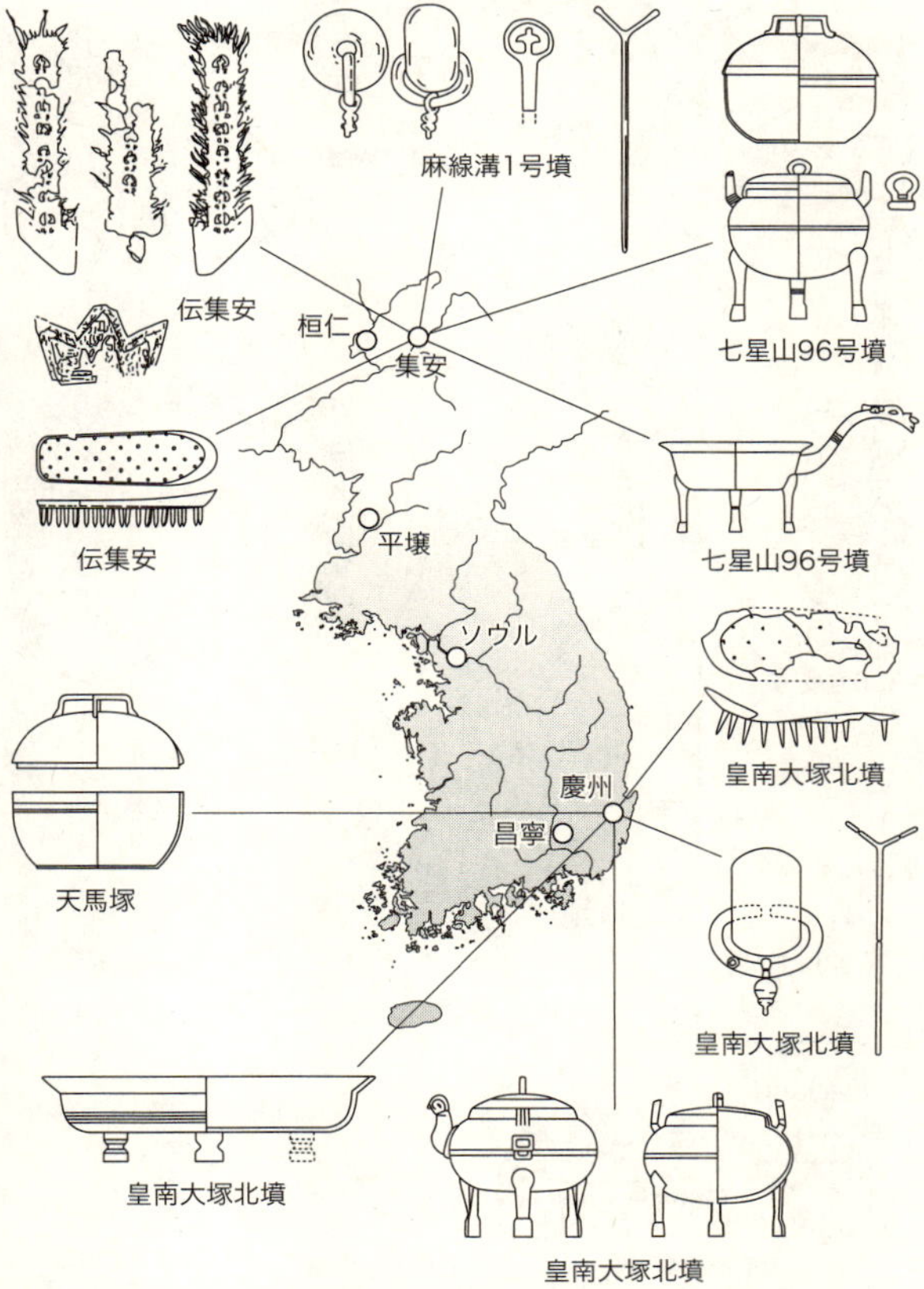

監修森浩一、編著東潮、田中俊明『高句麗の歴史と遺跡』(中央公論社)より

図4-4　高句麗文物の伝播(2)

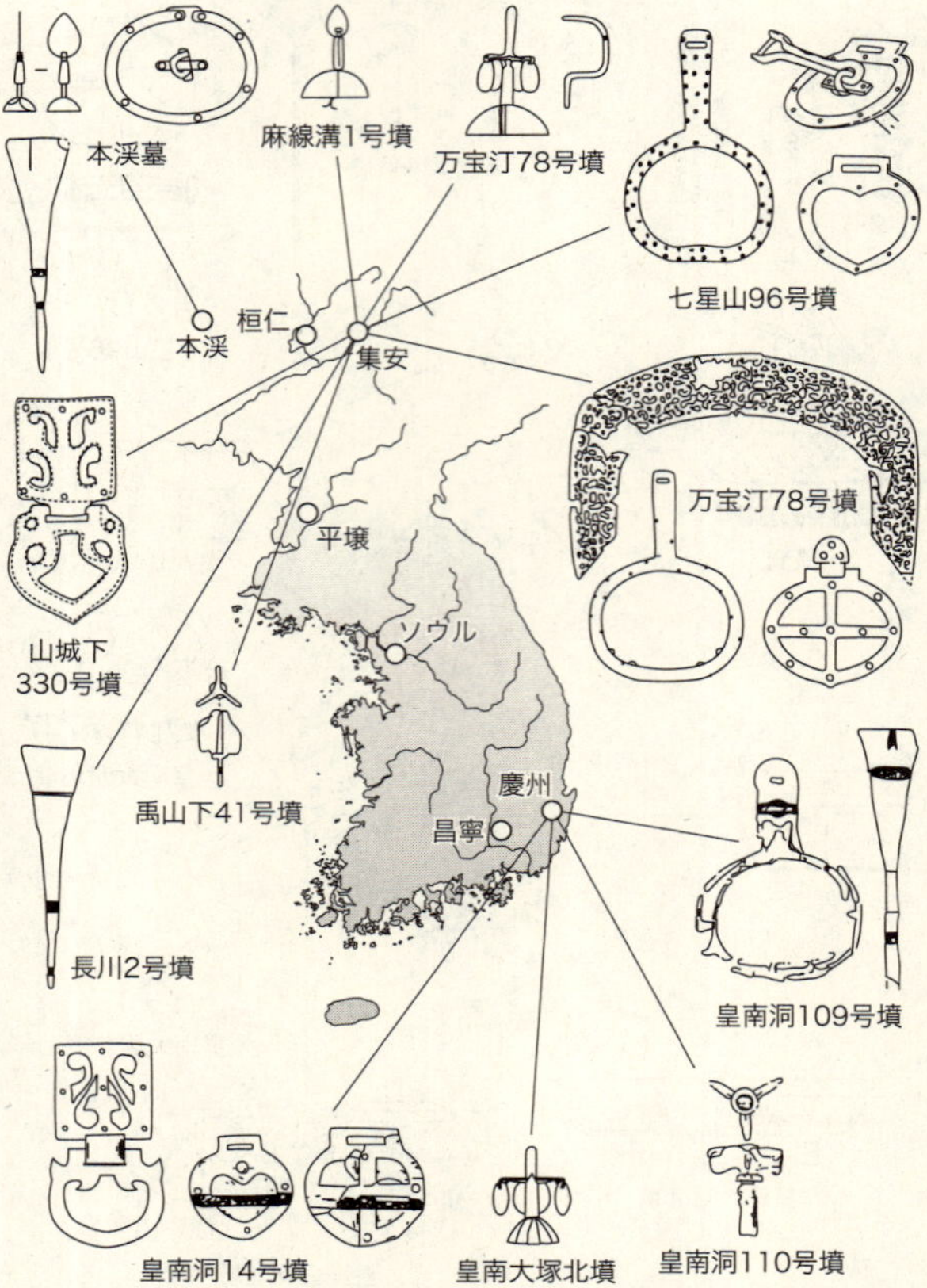

監修森浩一、編著東潮、田中俊明『高句麗の歴史と遺跡』（中央公論社）より

図4-5　新羅金城(現慶州)の高句麗王紀年銘入り遺物

❶瑞鳳塚／銀盒

長寿王延寿元年（451年）製

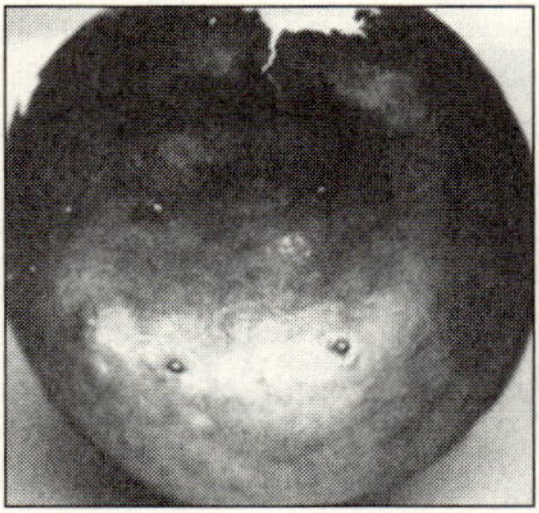

❷壺杅塚／青銅壺杅

長寿王三年（415年）作製
（広開土王没後三年に相当）

銘

乙卯年國岡上廣開土地好太王壺杅十

監修森浩一、編著東潮、田中俊明『韓国の古代遺跡　1 新羅篇（慶州）』（中央公論社）より

図4-6 路西洞・路東洞古墳群位置図

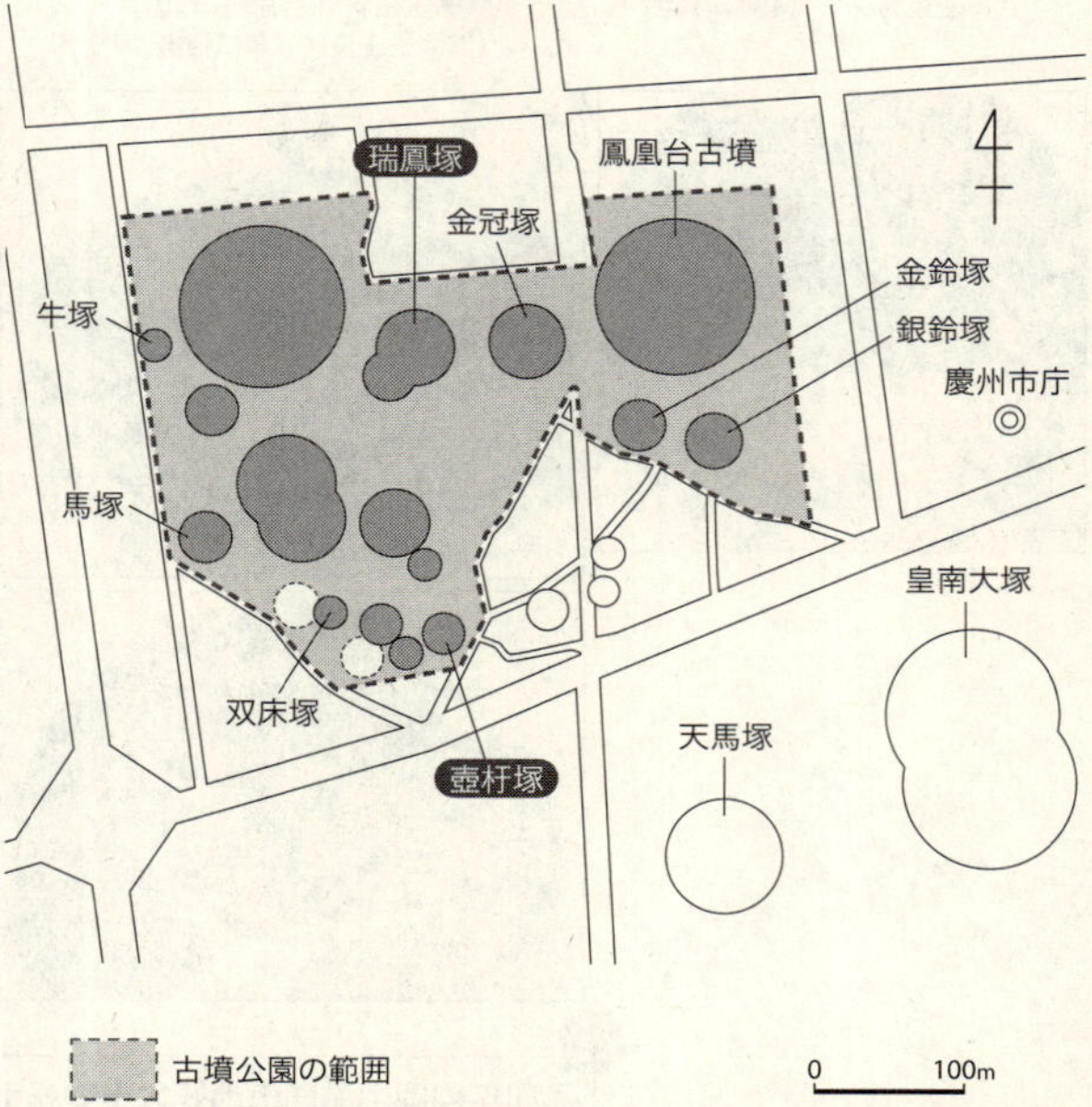

監修森浩一、編著東潮、田中俊明『韓国の古代遺跡 1 新羅篇（慶州）』（中央公論社）より

国と新羅の関係、新羅・高句麗の友好関係、そして高句麗兵の駐留、最後に高句麗・新羅の争いの始まりを物語風ですが、『日本書紀』雄略天皇紀は次のように簡潔に記しています。

天皇が位に即いてから、この年に至るまで、新羅国が背いて、〔約を〕いつわり贈り物を入れないのが、いまに八年にもなった。そのくせ大いに中国〔日本〕の心をおそれ、高麗《こま》〔高句麗〕に好《よしみ》を修めた。こういうわけで、高麗王は、精兵一〇〇人を〔派〕遣して新羅を守った。しばらくして、高麗の戦士が一人、暇を取って帰国した。このとき新羅人を典馬《うまかい》〔馬の世話人〕にしていたが、ふりかえって話しかけ、「汝《おまえ》の国がわが国に破られるのもそう遠くないな」といった。〔一本はいう、汝の国がほんとうにわが〔領〕土と成るのもそう遠くない。〕その典馬は、聞いて、腹を病むまねをして、ずっと後ろに退いた。とうとう国に逃げこみ、その〔高麗戦士の〕話したことを説明した。ここに新羅王は、高麗が偽って守っているのを知り、使を馳《はし》らせて国人に告げ、「家の内で養っている雄雞《おんどり》を殺せ」といった。国人はその意をさとり、国内にいた高麗人をみな殺しにした。わずかにとりのこされた高麗人がただ一人いて、すきに乗じて脱〔出〕でき、その国に逃げ入り、みなくわしく説明した。高麗王はただちに軍兵を発し、筑足流城《つくそくろのさし》（或本はいう、都久斯岐城《つくしきのさし》。）に屯営した。あげく歌舞して楽〔の音〕をおこした。

参考までに次ページに高句麗人と思われる人物像（西域のソクド時代の壁画、七世紀後半）を載せましたが、鳥羽冠《チヨウグアン》、冠帽《かんぼう》に雉《きじ》の尾羽を挿《はさ》んでいるのが特徴で、雄鶏の鶏冠《とさか》に通じていることをよくとらえています。

そして任那王への救援の訴えとなります。

新羅王は夜、高麗軍が四面で歌舞するのを聞き、賊が新羅の地すべてに〔侵〕入したのを知った。そこで人を任那王に使にやり、「高麗王がわが国を征伐しにきました。このときに当って、〔新羅は〕つづり合せた吹流《ふきながし》のように〔高麗の思いのまま〕です。国の危いのは、重ねた卵以上で、命の長短は、とても計れぬところでございます。伏して救いを日本府の軍将らに請います」といった。そこで任那王は、膳臣斑鳩《かしわでのおみいかるが》、吉備臣小梨《おなし》、難波吉士《きし》赤目子《あかめこ》をすすめて、新羅救〔援〕に行かせた。膳臣らはまだ〔新羅に〕至らずに屯営していた。高麗の諸将は、まだ膳臣らと合戦しないのに皆おそれていた。膳臣らは、みずからつとめて軍〔卒〕をねぎらい、軍中に令して、攻撃の準備をするよううながし、急に進攻した。高麗と攻防、十余日。そこで夜のうちに険しいところに穴を掘り、地〔下〕道をつくって、すっかり輜重《しちょう》〔軍需品〕を運び、奇兵を準備した。会明《あけぼの》になって、高麗は、膳臣らが逃走したと思い、全軍あげて追走した。そこで奇兵をくりだし、歩〔兵〕と騎〔兵〕とがはさみ撃ちして、〔高麗軍を〕

図4-7　高句麗兵士

監修森浩一、編著東潮、田中俊明
『韓国の古代遺跡　2百済・伽耶篇』
（中央公論社）より

大破した。二国の怨《うらみ》は、これから生じたのである。(二国というのは、高麗と新羅とである。) 膳臣らは、新羅に語って、「汝《おまえ》は、いたって弱いのに、いたって強いのに当った。官軍が救わなかったら、かならず乗ぜられるところだった。この〔戦《せん》〕役《えき》でほとんど、外国の地に成るところだった。いまから以後、けっして天朝に背いてはならぬ」といった。(『日本書紀』雄略天皇紀)

この高句麗による併呑《へいどん》計画は、倭国の、おそらく任那諸国の力もあずかって頓挫《とんざ》しましたが、戦役の原因については、まず高句麗の平壌への遷都(四二七年)が挙げられます。

北燕との長い戦いで、北方への進出をあきらめた高句麗は、南に活路を見いだすしか道はなかったのです。その北燕も四三六年に北魏に滅ぼされ、華北は北魏によって四三九年にはほぼ統一されてしまいます。高句麗は、黄海からの遼東地方、遼東半島を含む地にとじこめられてしまい、いわば北辺を北魏に封じられてしまったわけです。

その高句麗が、すでに軍事的影響下に置いていた新羅の完全領有化を狙ったのか、はたまた新羅の独立回復の動きに先手を打って主力軍を侵入させたのか、『日本書紀』はこの戦役を四六八年のことと記録しています。

この高句麗対新羅・倭国・任那の争いは『三国史記』の高句麗本紀、新羅本紀には記載がありません。しかし『日本書紀』の記録に加え、①すでに示してきた考古学的資料（古墳出土品など）、②高句麗の南下侵略に対する百済・蓋鹵王の北魏朝（孝文帝《こうぶんてい》）あての上表文（四七二年）および雄略天皇の南宋朝（順帝《じゅんてい》）への上表文、③四七五年の高句麗王による百済王都（漢城《ハンソン》）攻略などにより、高句麗の南下侵攻は明らかな史実と考えられます。ところが隣国の学者たちの多くは、一顧だにしていません。

百済は高句麗の圧迫を受け、熊川（公州）から扶餘《プヨ》へと南遷を余儀なくされますが、新羅はこの頃から国力の蓄積により、社稷《しゃしょく》を守ります。力に限りがあるとはいえ、任那諸国とこれをバックにする倭国の存在により、百済、ひいては新羅も亡国の悲劇からまぬがれることになったのです。

百済聖明王と任那日本府

百済の聖明王は、有名な武寧王の子で在位は五二三～五五四年です。わが国の継体《けいたい》天皇（在位五〇七～五三一）末期、在位期間の短かった安閑《あんかん》・宣化《せんか》の二天皇、そして欽明《きんめい》天皇（在位五四〇～五七一）中期に当たります。

『三国史記』百済本紀によれば、聖明王は、以下のごとく高句麗との戦闘に明け暮れます。

・五二三年……高句麗軍を浿水《ばいすい》で迎撃。一万の兵で出撃、これを撃退。
・五二九年……高句麗王自ら北辺に侵入、穴城《けつじょう》を陥す。三万の歩兵と騎兵で対抗するも勝てず。
・五三八年……都を南の泗沘《しひ》に遷し、国号を南扶餘と称す。
・五四〇年……高句麗の牛山城を攻撃させたが勝てず。
・五四八年……高句麗王自ら、濊と共謀して、漢江北の独山《どくさん》城を攻撃。王は新羅に救援を求め、連合軍でこれを撃退。

・五五〇年……王は高句麗の道薩城《どうさつ》（忠清北道槐山《ケサン》）を一万の兵で攻め占領。
　高句麗軍はまた金峴城《きんけん》（忠清北道鎮川《チンチョン》郡）を包囲す。
・五五三年……新羅が（百済の）東北地方を取り、新州を置く。
・五五四年……王は新羅を撃退しようとしたが、狗川《くせん》（忠清北道沃川《オクチョン》）で戦死。

一時は新羅の助力で北方の領土（漢城）を回復したものの、国力の低下でこれらの地を維持できず、結局新羅にしてやられます。それを恨んだ聖明王は新羅に戦いを挑み、戦死という悲劇を迎えています。

ところが、王の対高句麗戦、新羅戦を軍事面で支えた倭国、任那諸国、そして任那日本府の名は一箇所もありません。『日本書紀』に記載がある聖明王の表裏のある対日本外交や、日本（倭国）の隙をついての任那諸国への侵食についても、何ら触れていません。

次章の「任那復興会議」でも触れますが、欽明天皇の強い要求で、任那に対する新羅からの侵略の防衛、任那諸国の団結、さらには衰退していた任那の復興に、聖明王は表面的にでも応ぜざるを得なくなります。なぜならこの要求を無視すれば、倭国の軍事的な後楯を失い、たちまち亡国の淵に立たされてしまうからです。
ともあれ本項のテーマで問題なのは、「任那の日本府」です。『日本書紀』に残されている「任那日本府」「日本府」「日本府の卿《かみ》」などについて語っている聖明王の言葉を拾ってみましょう。引用が少し長くなりますが、会議の様子が伝わってくるので紹介します。

㈠欽明二（五四一）年四月……第一回復興会議

聖明王は、「昔、わが先祖の速古王《そくこ》（肖古王などとも）、貴主王《きしゆ》（王子貴須とも）の世に、安羅、加羅、卓淳の旱岐らが、はじめて遣使して相通じ、厚く親好を結んだ。すなわち子弟となり、つねに隆《さか》んとなることをねがった。しかるにいま新羅にだまされて、天皇を怒らせ、任那を憤《いきどお》り恨ませたのは、寡人《わたし》の過ちである。我《わたし》は、深く懲り悔いて、下部《かほう》の中佐平《しそさへい》〔一六位階の第一〕麻鹵《まろ》、城方《じようほう》の甲背昧奴《こうはいまな》らを遣わして、加羅におもむき、任那の日本府に会して、盟《ちか》いあった。それから後、ずっと続いて気にかけ、任那を建てようと計り、朝夕忘れることはなかった。いま天皇は詔して、『すみやかに任那を建てよ』と称《い》う。それでおまえたちと共に計って、任那などの国を樹立しようと思う。よろしく良く計るがいい。また任那の境に、新羅を召し出し、聞くか否かを問おう。そして共に遣使して、天皇に奏聞し、うやうやしく教示をうけたまわろう。もし使人がまだもどらないあいだに、新羅が、隙をうかがって任那に侵攻したら、我《わたし》は、まさに救〔援〕に行こう。心配しなくともよい。しかし良く守備して、警〔戒〕を忘れてはならぬ。別に汝《おまえ》は、『卓淳などの禍がおよぶのを恐れる』というが、新羅は、自分が強くて、よく〔卓淳らを亡ぼ〕したのではないのだ。喙己呑《とくことん》は、加羅と新羅との〔国〕境近くに居て、毎年攻め敗られた。任那も救援できなかった。それで亡ぼされた。南《ありひしの》加羅は、小さく狭く、いそぎ備えることができず、たよるところを知らなかった。それで亡ぼされた。卓淳は、君臣が仲たがいし、主自身が附きしたがおうと思って、新羅に内応した。それで亡ぼされた。このように見てくると、三国の敗〔亡〕

は、まことに理由のあることだ。昔、新羅は、高麗に〔救〕援を請い、任那と百済とを攻撃したが、それでもなお勝たなかった。新羅は、どうして独〔力〕で任那を滅ぼすであろうか。いま寡人《わたし》が、汝と力をあわせ心をあわせて、天皇の霊威におおわれたなら、任那はかならず興るだろう」といった。よって〔任那の旱岐たちに〕物を贈ったが、それぞれ差があった。よろこんでもどっていった。

㈡欽明二（五四一）年七月……百済使の安羅国日本府への派遣

「昔、わが先祖速古王、貴首王と、そのころの旱岐らとが、はじめて和親を約して、兄弟〔の交わり〕となった。そして我〔が百済〕は汝〔任那〕を子とも弟ともし、汝は我を父とも兄ともし、共に天皇に仕え、共に強敵を防いだ。国家を安全にして、今日に至った。我《わたし》が、先祖とそのころの旱岐との、和親の言葉を思うと、皎々と照る日のよう〔に明らか〕なことがある。これ以降、つとめて隣〔国〕の好《よしみ》を修め、ついに与国として敦《あつ》かった。恩〔恵〕は骨肉をこえた。始が善ければ終〔も善く〕あるとは、寡人《わたし》がつねに願うところである。なにがもとで、かろがろしく浮いた言葉をつかって、数年のあいだに、なげかわしくも志を失ったのか、不審である。古人が『後悔先に立たず』といったのは、これを言うのである。上は大空に達し、下は泉下に及んで、霊妙の働きを今ここに誓い、過失は昔にさかのぼって改めよう。一つもかくすことなく、行なうところをはっきりあらわそう。誠の心を霊に通わせ、ふかくみずからよく責めることも、また取るべきところである。けだし、家督をつぐ者は、よく父祖の業を担《にな》って、よく屋敷の構《かま》えをさかんにし、功業を成しとげることを貴ぶ、と聞く。それゆえ、いまの先代の和親の好をあらためてとうとび、天皇の詔勅の言葉につつしみしたがい、新羅の掠めとった国、南加羅《ありひし》、喙己呑《とくことん》などをとりかえして、本貫〔任那〕に還し属《つ》け、任那に遷し実《あ》てて、永く父とも兄ともして、つねに日本に朝〔参〕しよう。これが、寡人《わたし》が〔いつも気にかけていて〕食しても美味でなく、寝ても席を安んじないところである。過去を悔い、今を戒め、心を労して考えるところである。新羅が甘言〔を弄〕

してあざむこうとしているのは、天下がよく知っている。汝たちは、みだりに信じて、まったく人の権〔謀〕にはまってしまった。いま任那の〔国〕境は、新羅に接している。つねに備《そなえ》をかためるがよい。警戒をゆるめてはならない。事実をゆがめていつわる網にかかり穽《あな》におち、国家をうしないほろぼして、人の捕虜となるのを、おそれる。寡人《わたし》は、これを思い、心を労して考え、みずから安んじることができない。任那と新羅とが、策をめぐらす席のそばに、蜂、蛇の怪があらわれていると、ひそかに聞いている。これはまた衆知のことだ。またわざわいの兆は、行動を戒めるためのものである。まさしくこれは、明らかに天が告げ戒めること、祖霊のしるしのである。〔天〕災〔地〕異は人に〔非を〕悟らせるためのものである。禍がやってきてから後悔し、滅〔亡〕の後に〔再〕興を思っても、もはやまにあわないのだ。いま汝は、余《わたし》に従って、天皇の勅を聞き、任那を立てなさい。どうして成〔功〕しないと心配するのか。もし長く本土を存し、永く旧民を統治しようと思うのなら、その計はここにある。つつしむべきである」といった。

聖明王は、さらに任那の日本府に語って、「天皇が詔して『もし任那が滅んだなら、汝《おまえ》には資《たすけ》がない。もし任那が興ったなら、汝には援《たすけ》がある。いま任那を興し建てて、昔日のようにさせ、それでもって汝の助けとなるようにし、人民を撫育するがよい』といった。つつしんで詔勅を承け、おそれかしこむ気持がいっぱいである。赤誠を誓い実行して、任那をさかんにしたいと願っている。永く天皇に仕えるのは、過日と同じである。まず未来を考え、その後に安らぐとしよう。いま、日本府もまた、よく詔のとおりに、任那を救助したなら、これは天皇にとって、かならず賞讃され、汝〔自〕身まさに物を賜わるだろう。また日本の高官たちは、久しく任那の国に住み、新羅の〔国〕境に近接している。新羅の情況もまた知っている。任那を侵害して、日本〔の進出〕を防ごうと計る、その〔由〕来は久しい。今年だけのことではない。しかるに〔新羅が〕あえて動かないのは、近くは百済をおそれ、遠くは天皇を恐れてのことである。朝廷にとり入って巧みに誘い、偽って任那に和している。このように〔新羅が〕任那の日本府を感激させたのは、まだ任那を取らぬ間、偽って服従する様子を示したからである。願わくは、いま新羅の間隙をうかがい、その不備をうかがって、もっぱら兵を挙げてうち取ろう。天皇が詔勅で、南加羅《ありひし》、㖨己呑《とくことん》を立てるよう勧めたのは、数十年だけのことではない。しかるに新羅が一つも命を聞かなかったこともまた、高官たちの知るところである。また天皇を信じ敬して、任那を立てるためなら、どうしてこのようであるのか。高官たちが、たやすく〔新羅の〕甘言を信じ、かんたんにでたらめな言葉をまにうけて、任那国を滅ぼし、天皇をはずかしめ奉るのを、おそれる。高官たちよ、戒めて、他《ひと》に欺かれてはならぬ」といった。

㈢欽明四（五四三）年一一月……欽明天皇より百済王に詔《みことのり》

この詔に関連し、①一二月、施徳《せとく》（官位第八位）高分《こうぶん》を遣わして、任那の執事と日本府の執事を召した。②翌正月、百済国は遣使して、任那の執事と日本府の執事を召した。③二月、百済は（施徳）馬武《めむ》、（施徳）高分屋《こうぶんおく》、（施徳）斯《し》那奴次酒《なのししゅ》らを任那に派遣して日本府と任那の旱岐らに要請。以上三回にわたる召集にも百済の思惑、百済の任那への警戒感、それと新羅への親近感、そして居留倭人の工作? などで実現しませんでした。そして百済使の日本(倭国)への出発となります。

㈣欽明五(五四四)年二月……遣使を前にした聖明王の言葉

また日本府の卿、任那の旱岐らに語って、「任那の国を建てるのは、天皇の威をからずに、いったい誰がよく建てられようか。それゆえ、我《わたし》は天皇のもとへ行き、将兵〔の派遣〕を請い、任那の国を助けたいと思う。将兵の〔食〕糧は我〔が百済〕が当然に運ぶべきである。将兵の数は、まだどのくらいと限〔定〕されない。〔食〕糧を運ぶ〔場〕処もまた、自分で決めるわけにはいかない。願わくは一処に居て、ともに〔事の〕可否を論じ、〔あれこれの策から〕選んでその良策に従い、天皇に奏するとしよう。それでしきりと招く使をやったが、汝らはそれでもやって来ず、議することができなかった」といった。

㈤欽明五(五四四)年一一月……遣使帰国。第二回任那復興会議での聖明王の発言からです。

聖明王は語って、「任那国とわが百済とは、古より以来、子弟になろうと約してきた。いま、日本府の印岐彌《いきみ》（任那に在った日本の臣の名をいう。）は、すでに新羅を討ち、さらに我〔百済〕を伐とうとした。また好んで新羅の虚誕《うそ》や謾語《でたらめ》をききいれた。イキミを任那に遣わしたのは、もとよりその〔任那〕国を侵害《ほろぼ》すためではない。（未詳。）古往今来《むかしからいままで》、新羅は無道である。食言し、信〔頼〕に違〔反〕して、卓淳を滅ぼした。股肱《ここう》の国〔百済か〕が、〔新羅と〕快《よ》かれと欲しても、かえって〔後〕悔することになる。それゆえ、〔諸氏を〕召しに遣《や》り、来てともに恩詔を承けて、任那の国を建て継続させ、また昔のように、永く兄弟となろうと願ったのである。〔三策がある。一、〕ひそかに聞くところでは、新羅と安羅と、両国の境に大川〔洛東江〕があり、要害の地である。吾は、この地に拠って、六城を修築しようと思う。つつしんで天皇に三〇〇〇の兵士を請い、城ごとに〔天皇の兵〕五〇〇とわが〔百済〕兵士とを充《あ》て、〔新羅に〕田を作らせずに、ひしひしとおしせまって悩ませたなら、久礼山の五城は、自分から武器を投じて降伏するのではないか。卓淳〔慶尚北道大邱〕の国もまたまさに復興するだろう。請うところの〔天皇の〕兵士には、吾〔百済〕が衣食を給しよう。〔これが〕天皇に奏しようと思う、その策の一である。〔二、〕なお南韓《ありひし》に、郡令、城主を置くことは、けっして天皇に違背し、貢調の道を遮断しようと思っているのではない。ただ、よくあれこれの難をすくい、強敵〔高句麗〕を殲《せん》滅しようと、ねがっただけである。そもそも凶党〔新羅〕で、どこに附けばよいか謀らぬものはいない。北敵〔高句麗〕は強大で、わが国は微弱である。もし南韓に郡領、城主を置いて、行政と防衛をしなかったなら、この強敵をふせぐことはできない。また新羅も制することができない。そこでなお〔郡令、城主を〕置いて、新羅を攻め、任那を保存しよう。そうしないと、おそらくは滅亡させられて、朝〔貢〕できなくなるだろう。天皇に奏しようと思う、その策の二である。〔三、〕また吉備臣、河内直、エナシ、マツが、なお任那国にあるのなら、天皇が任那を建てることを成〔就〕せよと詔したからといって、とてもできないことだ。この四人を移して、めいめいその本邑にもどらせてほしい。天皇に奏する、その策の三である。よろしく日本の臣、任那の旱岐らと、みなともに遣使し奉り、同じく天皇に奏して、恩詔を聞くことを乞おう」といった。

このように『日本書紀』の欽明天皇紀は、そのほとんどの内容が日本国内についてよりも朝鮮半島、とくに百済・新羅・高句麗そして任那諸国に関してです。それは欽明天皇によって皇位が安定し、後顧の憂いがなくなったということが一因かもしれませんが、それにしても当時の朝鮮半島の混乱・混迷ぶりは壮絶です。

戦争に明け暮れる三国、そして百済、新羅から侵食を受ける任那諸国、そこに権益と居留民を抱える日本（倭国）は、少なからず影響を受けました。高句麗の南進と新羅からの圧迫に、百済がなんとか耐え抜いたのは、いざというときの軍事力をもつ倭国の存在でした。その倭国の出先機関が、「日本府」という名称は別にしても、何もなかったはずはありません。

倭国、倭人のその地方での歴史を顧みると、少なくとも西暦二〇〇年頃にはその名が大陸王朝の史書に出てくるわけで、百済や新羅の建国に一〇〇～一五〇年は先立つ話であることを忘れてはなりません。「任那の日本府」は明らかに存在していたのです。

第五章

任那の衰退と復興会議

百済・新羅の興隆と任那

前章で少し述べましたが、六世紀前半、任那は急速に衰退の道を歩んでいました。その遠因になったのが百済の全羅南道への南下と、そこを根拠地にしての東進でした。四七五年、高句麗長寿王により、百済は王都漢城を落とされ、熊川（公州）に逼塞《ひっそく》を余儀なくされます。しかし東城王（在位四七九〜五〇一）と武寧王（在位五〇一〜五二三）により国力の回復が図られ、とくに北では全羅北道の西北部、南では全羅南道の南部沿岸一帯の領有を果たします。

五〇八年の耽羅《たんら》島（済州島）征服で、百済の南下は一応終結を迎えますが、これが五一二年の上哆唎《おこしたり》以下四県の割譲につながっていきます。名目上は割譲ですが、実質的には百済の領有に対する倭国の承認といわざるを得ないでしょう。そして次なる百済から倭国への要求が、翌五一三年の己汶・帯沙の領有でした。両地城とも任那の後背地であり諸国は猛反対しましたが、倭国はこれを容認、そのふがいなさに任那諸国の求心力が失われていきました。これが継体天皇（在位五〇七～五三一）の治世、後半期のことです。

一方百済は、武寧王の下で国勢を取り戻していました。また新羅は進取的な法興王《ほうこう》（在位五一四～五四〇）が、王権を強化していた時代です。任那衰退の一因となったこれら六県の割譲に深く関わった人物が、大伴大連金村《おおとものおおむらじかなむら》、物《もの》部大連麁鹿火《のべのおおむらじあらかひ》、物部連父根《もののべのむらじちちね》（至至）、穂積臣押山《ほづみのおみおしやま》でした。それぞれの人物を『日本書紀』に追い、割譲に至る過程とともに見てみましょう。

四県割譲を進言した穂積臣押山

『日本書紀』継体天皇六（五一二）年四月六日に、「穂積臣押山《おしやま》を百済に遣使した。なお筑紫の国の馬四〇匹を賜わった」とあります。これは、単なる百済への使者ではなく、哆唎の国守、執政官としての役割を担っていたものと考えられます。筑紫の馬を手土産に百済に出向いた穂積臣押山でしたが、その年一二月、百済は倭国に朝貢して、任那国の上哆唎、下哆唎《あるしたり》、娑陀《さだ》、牟婁《むろ》四県の割譲を申し出ます。このとき穂積臣押山は次のように副奏しています。

「この四県は、百済に近く連なり、日本とは遠く隔っています。〔四県と百済とは〕朝に夕に通いやすく、雞や犬がいきいきしてどちらのものと別けるのがむつかしい。いま百済に〔四県を〕賜わって、合せて同じ国とするなら、〔堅〕固に存〔続〕する策として、これ以上のものはありません。しかしたとえ賜わっても国を合せても、後代なお危いかもしれませんが、まして〔四県と百済とを〕べつべつの異ったところにしておくなら、いったい幾年よく守るというのでしょう」。つまり、百済に隣接し、倭からは遠く離れた四県は、放置すれば〔新羅や高句麗に〕奪われるだろうが、百済領にしておけば当面は安心だというわけです。

この穂積臣押山の意見に大伴大連金村も同意し、物部大連麁鹿火は勅宣使として難波館〔迎賓館〕に赴き、百済の使者に承諾の旨を伝えようとしますが、麁鹿火の妻がおしとどめます。

「住吉《すみのえ》大神が、はじめて海外の金銀の国、すなわち高麗《こま》・百済《くだら》・新羅《しらぎ》・任那《みまな》などを、胎中の〔応神〕天皇に授けました。それで、大后オキナガタラシヒメ尊は大臣タケシウチ宿禰と、国ごとにはじめて官家《みやけ》を置き、海外の垣根〔属国〕

として、その〔由〕来は久しいのです。やはり〔由〕来があるのです。もし割いて他に賜るなら、本もとの区域に違《たが》うことになります。後世の非難が、どうして口を離れましょうか。〔いつまでもつづくでしょう〕」

穂積臣押山が、それでは天皇の命に背くことになる、と答えると、それでは病と称しては、という妻の助言にしたがって仮病を使います。そのため大伴大連金村らは別の使者を出して、百済の上表どおり任那四県を割譲することになったのです。

あとでこの勅宣を知った太子の勾大兄《まがりのおおえ》皇子（後の安閑天皇）は驚き残念がって、「胎中〔応神〕天皇のときから、官家を置いた国を、軽がるしく〔西〕蕃〔百済〕の乞うままに、たやすく賜うのか」と、日鷹吉士《ひたかのきし》を遣わして勅令を取り消そうとしました。しかし百済の使者は、すでに天皇から、「割譲する」という勅を賜っています。勅に違《たが》い、勝手に命令を改めることができるのでしょうか、といって、取り合わずに帰ってしまいます。世間では、「大伴大連と哆《た》唎《り》の国守の穂積臣押山とが百済の〔賄〕賂を受けた」との噂が流れました。

文化輸入の代償としての割譲

翌七（五一三）年六月、穂積臣押山は、百済の将軍姐彌文貴《さみもんき》、州利即爾《つりそに》らとともに五経博士段楊爾《だんように》を従え帰国しました。その際、百済は「伴跛《はへ》国が、臣の国の己汶《こもん》の地を略奪しました。伏して願いますが、天恩で判〔断〕し本〔来の所〕属にもどしてください」と奏上します。この件は、同年一一月五日、朝廷において承諾され、百済、新羅、安羅、伴跛の使者らの前で、百済による己汶・帯沙の領有が認められました。

己汶、帯沙は蟾津江流域の地で、加羅と百済との境にある要衝地帯です。伴跛国が珍宝を献上して己汶の地を返却してくれるよう請いましたが、倭国は与えませんでした。政治上、軍事上の重要な地を百済に占領されたことを怒った伴跛国は、子呑《しとん》、帯沙に城を築いて倭国に備え、また多くの兵を率いて村々を襲い、暴虐の限りを尽くしたとされます。

継体九（五一五）年、朝廷は百済の将軍の帰国に副えて物部連父根を遣わします。沙都島（巨済島）に到着したところ、伴跛の人が恨みをいだき、力を頼んで暴虐をほしいままにしているとの噂を聞いて、物部連父根は水軍五〇〇艘を率いてまっすぐ帯沙江《たさのえ》（蟾津江の河口）へ向かいました。ところが伴跛の反撃で、物部連父根は帯沙江に停泊すること六日、伴跛は「衣裳を剝ぎ取り、所有物を劫掠《かすめと》って、ことごとく〔物部陣営の〕帷幕《いまく》を焼いた」ために、物部連父根らは命からがら汶慕羅《もんもら》島へ逃げ込んでいます。

翌一〇（五一六）年、百済は使者を遣わし、物部連らを己汶に迎えねぎらい、先導して百済に迎えました。百済では群臣が衣裳、斧鉄《ふてつ》、布帛《ふはく》を出しあい、国の産物を加え、朝庭に積み上げていて、物部連らをねんごろにもてなし、いつもより多くの賞《ほうび》と禄を贈ったといいます。

哆唎国守の穂積臣押山たちが賄賂を受け取ったかどうかはともかく、百済の望むがままの言動をしているように思えますし、朝廷も任那の地にあまり重きを置いていないように思えます。その理由として、①現実に百済の潜在的支配が両地域を覆っていたこと、②したがっていずれ放っておいても百済領になってしまうという諦観、③そうであれば天皇と親しい（隅田《すだ》八幡神社所蔵銅鏡銘で明らか）武寧王の頼みであり、恩を売っておいたほうがいいのではないか、といった朝廷の判断があったと考えられます。

また百済が、四県の割譲、さらには己汶・帯沙の領有という思い切った請求をあえてしたのには、百済の強大な軍事力によるものというよりも、文化力にあったと指摘するのが、朝鮮史の実証的な研究の礎を築いたことで知られる末《すえ》松保和《まつやすかず》です。末松氏はその著書『古代の日本と朝鮮　末松保和朝鮮史著作集4』で、百済がそこまで倭国に強く要求できたのは「力の備え」よりも、むしろ「五経博士の定期的貢上という文化協力、人の代償」ではないかと述べています。かねてより文化の輸入、文化人の渡来は久しく続けて行われてきましたが、ここに至って飛躍したもので、四県割譲はその代償であり、まさにその裏付けであるというのです。

天皇の信任が厚かった大伴大連金村

穂積臣押山とともに、この任那四県の割譲と、己汶・帯沙の百済領有の件に関わったのが、古代の大豪族の一族で、天忍日命《あめのおしひ》の子孫とされる大伴大連金村です。彼は大伴室屋《むろや》の孫、談《かたり》の子に当たり、武烈天皇のときに大連（天皇の補佐官）を賜ります。継体天皇の擁立に物部大連麁鹿火、許勢男人《こせのおひと》らとともに貢献、手白香皇女《たしらか》（仁賢《にんけん》天皇の娘）を皇后にたてることにも尽力し、継体、安閑、宣化、欽明天皇を補佐しています。

継体二一（五二七）年の「磐井の乱」が勃発したとき、天皇が「いま誰が将たるべき者か」と相談されると、「正直で、仁《おもいやり》があってしかも勇ましく、兵事に通じているのは、いまアラカヒをおいてありません」と、物部大連麁鹿火を推挙しています。

少し時代は下りますが、宣化二（五三七）年、新羅が任那を侵略したとき、天皇は大伴大連金村に、息子の磐《いわ》、狭手彦《さでひこ》を任那へ遣わし、助けるように命じました。磐は筑紫にとどまり任那の国政を執行、三韓にそなえ、狭手彦は任那を鎮め、百済を救っています。

任那をめぐって倭国と百済・新羅の関係が複雑になっていった欽明元（五四〇）年、天皇は諸臣にむかって、「どれほどの兵力なら、新羅を伐つことができるか」とご下問になりますと、物部尾輿《おこし》らは、「少しばかりの兵力では、たやすく征《う》つことはできない」と、任那の四県を大伴大連金村らが百済に譲渡したのを、新羅は今でも怨みに思っていますから、軽がるしく〔新羅を〕伐つべきではありません、と言上したのです。これを聞いた大伴大連金村は、住吉の宅にこもり病気と称して出仕しませんでした。そこで天皇は青海夫人勾子《あおみのおおとじまがりこ》を遣わし、ねんごろに慰めました。大伴大連金村は、任那を滅ぼしたのは私だと諸臣が申しているので、おそろしくて出仕できないのです、と使いに鞍をつけた馬を贈って丁重に敬意を表しました。これを聞いた天皇は、長いあいだ忠誠を尽くしてくれたのだから噂は気にするな、と罪を科することなくますます厚遇したといいます。それだけ大伴大連金村は天皇の信任が厚かったといえるでしょう。欽明二三（五二九）年、狭手彦は高句麗討伐を命ぜられ、百済の計を用いて高句麗を打ち破っています。

「磐井の乱」を鎮圧した物部大連麁鹿火

物部は軍事・刑罰を職とする物部の伴造《とものみやつこ》で、饒速日《にぎはやひ》命の子宇摩志麻治《うましまじの》命から出たとされます。武烈天皇のときに大連となり、継体、安閑、宣化天皇のときにも大連を賜っています。

継体六（五一二）年一二月、任那四県を百済に割譲する際の使者を、妻の諫《いさ》めで辞退した物部大連麁鹿火でしたが、二一（五二七）年八月、筑紫で勃発した「磐井の乱」の大将として、大伴大連金村によって推挙されます。国史でも有名な「磐井の乱」は、筑紫の豪族である磐井が、新羅に奪われた南加羅・喙己呑の奪還のために六万の兵を率いて任那に向かう近江毛野《けの》臣の進軍を阻んだために起こった戦いです。しかしこの戦いは、北九州対大和朝廷といった大袈裟な地域対立などではなく、戦費、軍兵、兵糧、軍用船などの手配をめぐり、かつて近江毛野臣の同僚だった磐井が、逆恨みしてのことだったのではないでしょうか。

物部大連麁鹿火の出陣にあたって天皇は、「大将は民の生殺を掌握している。国の存亡はここにある。つとめよ。つつしんで天罰を行なえ」と、自ら斧《ふ》鉞《えつ》を物部大連麁鹿火に授け、「長門《ながと》以東は朕がとろう。筑紫以西は汝がとれ。

もっぱら賞罰を行なえ。ひんぴんと報告しなくともよい」と申しわたしました。二二（五二八）年一一月一一日、麁鹿火は首領磐井と交戦、磐井を斬って反乱を鎮圧しました。

加羅王の剣幕を恐れた物部連父根（至至）

「磐井の乱」によって一時中断していた任那問題は、継体二三（五二九）年三月、百済王が加羅の多沙（帯沙）津を朝貢の経由地として賜りたいと願い出たことにより、加羅の恨みをかうことになります。百済から日本への朝貢の使者は、毎回、風波に苦しめられ、貢物を濡らしたり、壊してしまったりするからというのが、その理由でした。そこで下哆唎の国守押山はこの要請を天皇に奏上します。そして、この勅命を授けるために遣わされたのが、物部連父根（至《ち》至《ち》）と吉士老《きしのおきな》らでした。

継体二三年三月、父根によって多沙津が百済に与えられますが、これを知った加羅王が、「この港は、官家《みやけ》を置いて以来、臣が朝貢する渡航の港だ。どうしてすぐ改変して隣国〔百済〕に賜うことなどできるのですか」と抗議したので、加羅王の前で譲渡しにくくなり、大島（慶尚南道の海南島か）に引き返し、あらためて文書・記録をつかさどる下級役人を遣わして百済に譲渡したのです。これがもとで加羅は倭国に恨みをいだくことになり、新羅と好《よしみ》を結びます。加羅国王は新羅王の娘をめとり、子どもをもうけたと、『日本書紀』は伝えています。

『三国史記』新羅本紀に、法興王九（五二二）年に、「春三月、加耶《かや》国王が使者を派遣して、花嫁を求めてきた。王は伊湌《いさん》の比助夫《ひじょふ》の妹を加耶に送った」という記事があります。続く一一（五二四）年には「秋九月、王は巡幸して、南部国境地帯の勢力を拡大した。加耶国王が来て会盟した」とあります。こうしたことから、任那の北東部の国々が、倭国から離れていく様子がうかがえます。加耶（伽耶）国とは、伴跛国か、または後にいう大加羅国か判然としませんが、前後の文脈から伴跛国（高霊）と考えられます。

『日本書紀』によりますと、新羅は娘を送るに際し、従者一〇〇人を遣わし、あちこちに分散させ、新羅の衣冠を着用させたといいます。これを目にした加羅国王阿利斯等《ありしと》は憤り、従者を呼び集めて、新羅に送り返してしまいました。面目を失った新羅は、娘を連れ戻そうとしますが、「先に汝が通婚を承〔諾〕して、吾《わし》は結婚を許した。いまもうこのようでは、王女をもどしなさい」と迫りますが、加羅王は「夫婦とめあわせておいて、いまさら離〔婚〕などできようか。子息《こども》もあるのに、棄てどこへ行こうか」と返答し、結局、新羅は任那から刀伽《とか》、古跛《こへ》、布那牟羅《ふなむら》の三城と北境の五城を攻略、奪い取ったのでした。

近江毛野臣の居丈高な振る舞い

このような状況のなか、朝廷は近江毛野臣を安羅に遣わし、新羅に勅して、南加羅、喙古呑を再建させようとします。前述したように本来なら近江毛野臣は、継体二一（五二七）年に任那に派遣されるはずでした。新羅に奪われた南加羅・喙己呑奪還のため、六万の兵を率いて出発したのです。ところが、筑紫の磐井が反乱を起こしたために延期になってしまいました。この間に新羅は北境の五城を落とし、南加羅（金海、釜山あたり）、喙己呑を手中に納め、西進の

安羅国王宮と高殿跡（現忠義公園裏地）

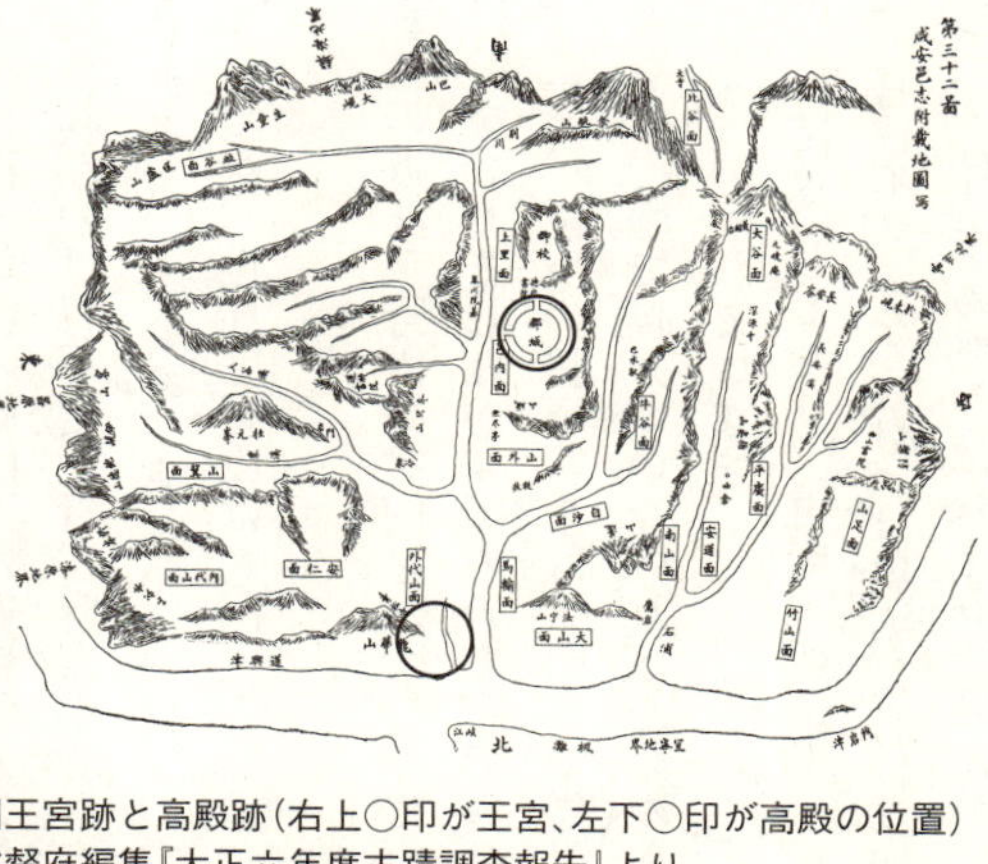

図5-1
安羅国王宮跡と高殿跡（右上○印が王宮、左下○印が高殿の位置）
朝鮮総督府編集『大正六年度古蹟調査報告』より

動きはさらに加速、活発化していきます。

朝鮮半島に渡った勅使の近江毛野臣は、百済・新羅の両国王に安羅国に参集するように呼びかけます。百済から遣わされたのは将軍君尹貴《いんき》、麻奈甲背《まなこうはい》、麻鹵《まろ》ら、一方新羅は、任那を破ったことをおそれ、奈麻礼《なまれ》（官位第一一位）の夫智《ふち》、同じく奚《け》ら下級の役人らを遣わしましたが、近江毛野臣は両国王の招請にこだわりました。

このとき安羅は高堂を新しく建て、勅使の近江毛野臣は案内されて登っています。任那国主は、勅使の後に従って階段を登りましたが、国内の高官でも堂に登ることにあずかった者はわずか一、二人、百済の将軍君らは堂の下で幾月もの間、堂上での謀議には加わることもなく、庭で控えていなければならなかったので、そのことを深く恨みに思ったと、いわれています。

近江毛野臣は熊川《くまなれ》（慶尚南道昌原《チャンウオン》市）に宿泊しており、再度、新羅王、百済王を招集しますが、新羅は久遅布礼《くじふれ》（官位不詳）を、百済は恩率《おんそち》（官位第四位）の彌騰利《みどり》を派遣するのみでしたので、近江臣の怒りは収まりませんでした。

新羅はあらためて上臣の伊叱夫礼智干岐《いしぶれちかんき》（王族）に三〇〇〇の兵をつけてよこし、勅を聞こうと請いますが、熊川城を取り巻く兵に恐れをなした毛野臣は、己叱己利城《こしこりのさし》に退去してしまいました。新羅の上臣は勅を聞くことをしきりに要請したにもかかわらず、毛野臣は一向に承知しませんでした。新羅の兵卒と毛野臣の従者に間に起こった諍《いさか》いが引きがねとなり、伊叱夫礼智干岐は、多《た》多羅《たら》、須那羅《すなら》、和多《わた》、費智《ほち》の四村を奪い、村人すべてを連れて本国へ引き揚げてしまいました。

近江毛野臣の思い上がりにより、勅は二国王に達せず、しかも任那南部海岸地域の四村を失ってしまいました。彼の能力、判断力には大きな問題ありと指摘せざるをえません。結局、毛野臣は加羅国王阿利斯等からも離反され、任那から毛野臣を追放するため、新羅・百済に出兵を請われるまでに至ってしまいます。

任那衰退をもたらした拙劣な政治手腕

継体二四（五三〇）年九月、任那からの遣使が朝廷にやってきました。毛野臣は久斯牟羅（馬山）に館をかまえて満二年になるが、政務を怠っています。たとえば日本人と任那人の間に多くの子どもが生まれ、その帰属をめぐって訴訟がたえません。判定が決めがたいときは、誓湯《うけいのゆ》を行うので、熱湯で爛《ただ》れて死ぬ者がたくさんでています。また、倭人と現地の女性との間にできた韓子を殺したりして、人民を苦しめています、と天皇に奏上したのです。

毛野臣の行状を聞いた天皇は調吉士《つきのきし》を遣わし、毛野臣を呼び戻そうとしましたが、毛野臣は承知しません。ひそかに従者の河内の母樹《おものき》の馬飼首《おびと》御狩《みかり》を都に参上させ、天皇に、勅命を果たさず帰還したら面目がたちません、大命を果たしてから朝廷に参内し、謝罪するまでお待ちください、と奏上させました。都に使いを送り出したあと毛野臣は、調吉士が帰国してありのままを報告したら罪が重くなるだろうと恐れて、引き留め工作にかかります。任那復興の努力もせず、保身につとめるばかりという毛野臣の行動を知った任那王は、すっかり愛想を尽かして離反してしまい、新羅に久礼斯己母《くれしこも》を、百済に奴須久利《ぬすくり》を遣使して出兵を要請しています。毛野臣は百済の兵が来ると聞き、任那の背評《へこおり》の地で迎え撃ちますが、半数の死傷者が出るありさまでした。毛野臣の外交音痴ぶり、在外居留地での失政は明らかです。

同年一〇月、調吉士は任那から帰り、毛野臣の悪行を奏上、天皇は目頰子《めずらこ》を遣わして、毛野臣を召喚します。さすがに天皇の召喚命令には逆らえず帰国しますが、その途中、対馬で病死したのでした。毛野臣は、任那衰退をもたらした責任者として名を残すことになってしまいました。彼の任那での所行を見るにつけ、旧友・同僚であった筑紫の磐井との間に軋轢《あつれき》、反目を生むことになったのも、自然のなりゆきではなかったかと想像されます。先に、「磐井の乱」を九州対大和といった大袈裟な反乱ととらえるべきではないと述べたのも、毛野臣と磐井の個人的な関係の悪化が原因であると考えられるからです。

対馬で近江毛野臣が死去した翌年、継体天皇が崩御、その後は安閑天皇の三年、宣化天皇の四年と短い治世が続きます。この間、やや国政に混乱があったと推測されますが、その後、任那問題のみならず、朝鮮半島全体に深くかかわる欽明天皇（在位五四〇～五七一）の時代を迎えることになります。

第一回任那復興会議

欽明期は、任那復興の問題が倭国、百済、任那の間でさかんに論議されました。そこで百済の聖明王と、任那にいた倭国の使人（役人）河内直《こうちのあたい》らを軸に、任那復興計画から消滅までの経過をたどることにしましょう。

『三国史記』新羅本紀によると、法興王一九（五三二）年、「金官国王の金仇亥《きんきゅうがい》が、王妃および三王子――長男を奴宗《どそう》といい、次男を武徳、末子を武力といった――とともに国の財物や宝物を持って来降した。（中略）末子の武力は〔新羅王朝に〕仕えて、角干《かくかん》（筆者注・外位の第一位）まで累進した」と伝えています。金官国（南加羅国）は小なりといえども、この任那地域では最重要地域だったのです。新羅の任那諸国征服上の起点ともなる土地でしたから、実際は新羅の武力征服であろうというのが正解ではないかと筆者は考えています。

任那諸国は求心力を失って衰退していましたが、任那の復興に積極的な欽明天皇は、百済の聖明王（在位五二三〜五五四）に詔を送って、任那の領土回復に努力するよう強く要求します。これがいわゆる任那復興会議で、第一回が欽明二（五四一）年四月に、そして第二回が欽明五（五四四）年一一月に開かれました。いずれも百済の聖明王が主催し、王都扶餘の地に任那地域七カ国の王、王族、そして任那日本府からは、吉備臣が集まりました。

第一回目の復興会議には、次の諸国が参集し、欽明天皇の詔を聞いた後、百済の聖明王が議長役となって、会議はスタートします。

百済の聖明王は、任那の旱岐たちに語って、「日本天皇の詔するところは、まったく、任那を復興せよということである。いまいかなる策を用いて、任那を復興しようか。おのおの忠を尽して、天皇の思っていることを展〔開〕し奉ろう」といった。任那の旱岐たちが答えて、「前に再三、新羅と議ったが、応答がなかった。計画の旨を、さらに新羅につげても、なお答えることはないだろう。いまいっしょに遣使して、行って天皇にこう奏しよう、『任那を〔再〕建することは、〔百済の〕大王の意でもあります。つつしんで教旨をうけ、誰があえて言葉をさしはさみましょう。しかし任那は境を新羅に接しています。おそれるのは卓淳《とくじゅん》〔慶尚北道大邱の地〕などとおなじ禍〔敗亡〕をうけることです』」といった。（〔卓淳〕などとは、喙己呑《とくことん》〔慶尚北道慶山の地〕、加羅をいう。卓淳などの国のように、敗亡の禍がある、と言うのである。）

聖明王は、「昔、わが先祖の速古王《そくこ》〔肖古王などとも〕、貴主王《きしゅ》〔王子貴須とも〕の世に、安羅、加羅、卓淳の旱岐らが、はじめて遣使して相通じ、厚く親好を結んだ。すなわち子弟となり、つねに隆《さか》んとなることをねがった。しかるにいま新羅にだまされて、天皇を怒らせ、任那を憤《いきどお》り恨ませたのは、寡人《わたし》の過ちである。我《わたし》は、深く懲り悔いて、下部《かほう》の中佐平《しそさへい》〔一六位階の第一〕麻鹵《まろ》、城方《じょうほう》の甲背昧奴《こうはいまな》らを遣わして、加羅におもむき、任那の日本府に会して、盟《ちか》いあった。それから後、ずっと続いて気にかけ、任那を建てようと計り、朝夕忘れることはなかった。いま天皇は詔して、『すみやかに任那を建てよ』と称《い》う。それでおまえたちと共に計って、任那などの国を樹立しようと思う。よろしく良く計るがいい。また任那の境に、新羅を召し出し、聞くか否かを問おう。そして共に遣使して、天皇に奏聞し、うやうやしく教示をうけたまわろう。もし使人がまだもどらないあいだに、新羅が、隙をうかがって、任那に侵攻したら、我《わたし》はまさに救〔援〕に行こう。心配しなくともよい。しかし良く守備して、警〔戒〕を忘れてはならぬ。別に汝《おまえ》は、『卓淳などの禍がおよぶのを恐れる』というが、新羅は、自分が強くて、よく〔卓淳らを亡ぼ〕したのではないのだ。喙己呑《とくことん》は、加羅と新羅との〔国〕境近くに居て、毎年攻め敗られた。任那も救援できなかった。それで亡ぼされた。南加羅《ありひしの》は、小さく狭く、いそぎ備えることができず、たよるところを知らなかった。それで亡ぼされた。卓淳は、君臣が仲たがいし、主自身が附きしたがおうと思って、新羅に内応した。それで亡ぼされた。このように見てくると、三国の敗〔亡〕は、まことに理由のあることだ。昔、新羅は、高麗に〔救〕援を請い、任那と百済とを攻撃したが、それでもなお勝たなかった。新羅は、どうして独〔力〕で任那を滅ぼすであろうか。いま寡人《わたし》が、汝と力をあわせ心をあわせて、天皇の霊威におおわれたなら、任那はかならず興るだろう」といった。よって〔任那の旱岐たちに〕物を贈ったが、それぞれ差があった。

よろこんでもどっていった。

会議の中身は、新羅に滅ぼされるのではないかという危機感を抱く任那の旱岐たちに対し、聖明王は力をあわせ心を一つにして当たれば、任那は必ず復興できるだろうと、檄《げき》をとばしていますが、具体的な案は出ていません。聖明王の対応も、かなりおざなりなもので、欽明天皇に対して「とにかく努力しています」というアリバイ作りのようにも感じられます。

この年の七月、聖明王は、安羅の日本府と新羅が謀を通わしていると聞いて、安羅に役人を遣わし、新羅に赴いた任那の執事（国王の下の官人）を召し、任那復興のことを協議させています。また別に、「安羅の日本府の河内直が、新羅と計を通《かよわ》したことを、はげしく責め、ののしった」とあり、聖明王ら百済側と、河内直ら日本の使人との間に不和が生じていたことがうかがえます。事実、これ以降、百済側からは、彼らに対する執拗な誹謗・中傷が続くこ

表5-1　第一回任那復興会議の七カ国メンバー

国名	比定地	官職		氏名
安羅	慶尚南道咸安	次旱岐	(王族)国王代理	夷呑奚、大不孫、久取柔利
加羅	慶尚北道高霊	上首位	官位筆頭	古殿奚
卒麻	慶尚南道率利馬?	旱岐	国王	
散半奚	慶尚南道草渓	旱岐の子	王子	
多羅	慶尚南道陜川	下旱岐	(王族)国王代理	夷他
斯二岐	慶尚南道宜寧	旱岐の子	王子	
子他	慶尚南道居昌または晋州?	旱岐	国王	

とになります。

百済聖明王は任那日本府に対しても、いかに任那の復興に心をくだいているか、そのためにも新羅の甘言《かんげん》にはひっかからないようにと戒めています。これと同時に、聖明王は使節を大和朝廷に派遣し、下韓《あるしから》、任那の政《まつりごと》（政治状況）を奉じ、上表します。内容は、任那や安羅日本府の高官たちが新羅に籠絡《ろうらく》されている状況・世評を、欽明天皇に直訴したものと思われます。

また翌欽明四（五四三）年

九月、聖明王は扶南《ふなん》（メコン河上流クメール国）の財宝と奴隷二人を大和朝廷に献上しています。少しでも朝廷の懐柔を図ったのではないでしょうか。

しかし同年一一月、天皇は百済に詔を送り、任那の早い復興を呼びかけます。

冬一一月八日、津守連《つもりのむらじ》を遣わし、百済に詔して、「任那の下韓《あるしから》にある、百済の郡令、城主は、よろしく日本府に附〔属〕せよ」といった。あわせて詔書を持たせて、宣して、「爾《おまえ》はしばしば上表して、まさに任那を建てるといって、十余年〔たった〕。〔上〕表して奏するのはこのようだが、なお成〔就〕していない。また任那は、爾の国の棟《むね》、梁《うつばり》である。もし棟、梁を折ったなら、誰が家屋をつくるだろうか。朕が思うのはここにある。爾は早く〔任那を〕建てよ。汝《おまえ》がもし早く任那を建てたなら、河内直《こうちのあたい》ら（河内直はすでに上文に見えた。）は、おのずと止まり退くにちがいない。いまさらいうまでもない」といった。

任那を建てると約束したものの、一〇年以上経っても進捗《しんちょく》しない状況に、欽明天皇はいらだちを隠せないようです。すでに百済は新羅から任那を防衛するという名目で、郡令、城主を下韓、任那の南部諸国に赴任させていたのでした。この郡令、城主の日本府への隷属は、百済王の主臣たちの反対で実現はしませんでしたが、天皇の「任那を建てよ」との詔には抗しがたく、聖明王は第二回目の任那復興会議の実現に努力することになります。

第二回任那復興会議

ところが、これが意外に手間取ります。百済と日本府や任那の執事、任那の旱岐（国王）との連絡、百済による大和朝廷への遣使、そして大和朝廷から新羅、百済への遣使などが重なり、実現したのは欽明五（五四四）年一一月のことでした。

第一回のメンバーに久嗟（古嵯）国が加わり、八カ国が参加しますが、百済の聖明王としては、任那再興の具体策がいよいよ求められる会議となってきました。日本府からは任那国の執事、吉備臣《きびのおみ》が参加しています。会議では聖明王が口火を切ります。任那の国を建て、継続させ、昔のように永く兄弟のようになろう、と呼びかけ、具体策として次の三つの案を出してきたのです。

㈠新羅と安羅の境である洛東江沿いにある六城を修築し、各城に天皇の兵五〇〇と百済兵を充てる。これにより近隣の城や卓淳といった国もなびいてくるであろう。天皇の兵には吾（百済）が衣食を給しよう。

㈡南韓への（百済からの）郡令、城主を引き続き置くこととする。これは決して天皇に違背し、貢調の途を遮断しようとするものではなく、あくまで新羅・高句麗への防衛上の対慮である。これについては、天皇の承認を得るつもりである。

㈢そして任那復興の障害となっている日本府の的臣、河内直、移那斯《えなし》（阿賢移《あけえ》那斯《なし》）、麻都《まつ》（佐魯麻都《さろまつ》）を本国に戻すことである。

ここで日本府の河内直（加不至費直《かふちのあたい》）、移那斯（阿賢移那斯）、麻都（佐魯麻都）について触れておきましょう。河内直は、百済三書の一つ『百済本紀』によると、先祖は那干陀甲背《なかんだこうはい》・加猟直岐《かろうじき》甲背、また那奇蛇《ながだ》甲背・鷹奇岐彌《ようがきみ》とあります。『日本書紀』には任那に渡ったという記事が出てこないので、任那に住んでいた人物で、何代か前は日本（倭国）の出身で、土着していたのではないかと思われます。

また移那斯、麻都は、任那人で、河内直の異母兄弟、母親が百済人という説もあります。ともに身分は低いが、倭人とのつながりが深い人物だったと考えられます。

ともあれこの三案に対し、吉備臣や（任那諸国の）王たちは全面的に賛同し、日本府の大臣、安羅王、加羅王に諮《はか》り、ともに遣使して天皇に奏しようと回答しています。そして会議の結論は、翌欽明六（五四五）年夏五月、百済から奈率《なそち》（一六位階の第六）、奈率其㥄《ごりよう》、用奇多《ようがた》、施徳次酒《せとくししゅ》らが遣使され上表されたと考えられます。

こうして第二回会議が終わり、ようやく任那の再建が進められようとしていたとき、事態は一転するのです。

表5-2　第二回任那復興会議の八カ国メンバー

国名	比定地	官職		氏名
安羅	慶尚南道咸安	下旱岐	（王族）国王代理	大不孫、久取柔利
加羅	慶尚北道高霊	上首位	官位筆頭	古殿奚
卒麻	慶尚南道率利馬？	君《きし》	国王	
斯二岐	慶尚南道宜寧	君《きし》	国王	
散半奚	慶尚南道草渓	君《きし》の子	王子	
多羅	慶尚南道陜川	二首位	官位第二位	訖乾智
子他	慶尚南道居昌または晋州？	旱岐	国王	
久嗟	慶尚南道固城	旱岐	国王	

図5-2　任那復興会議第一回と第二回会場

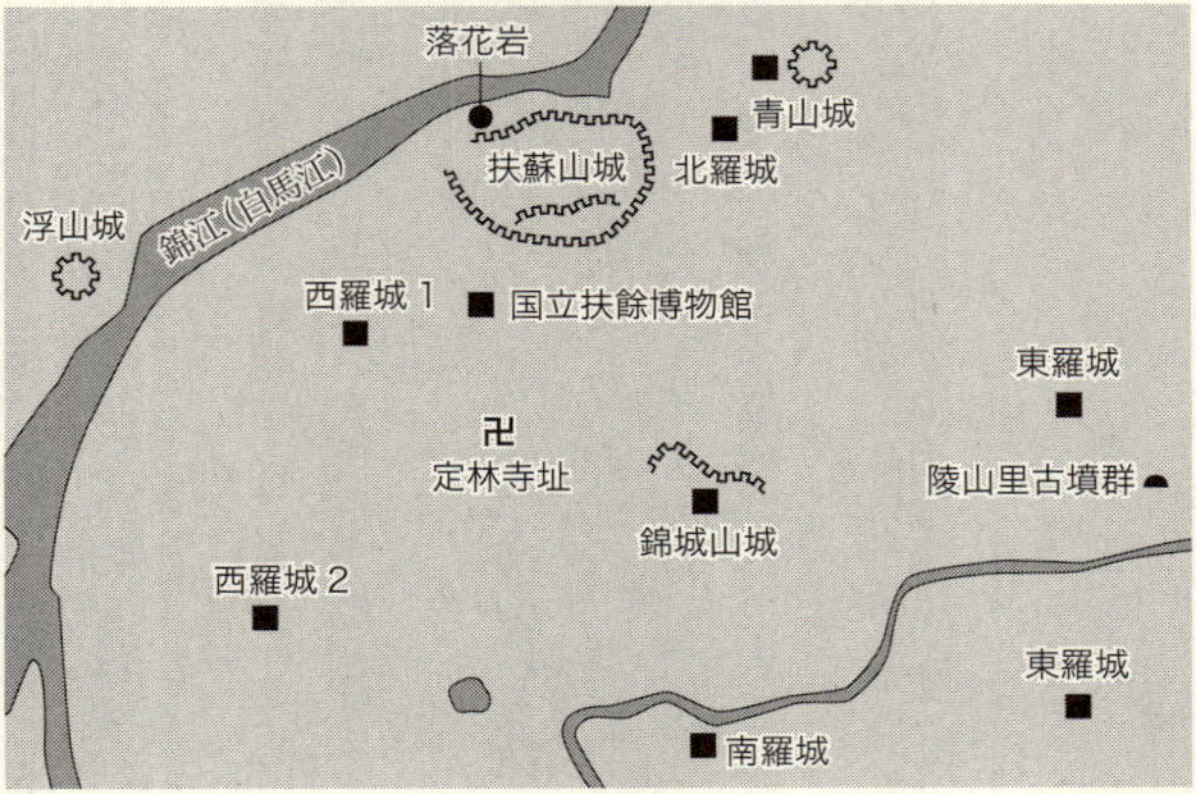

第六章

任那の調——滅亡してなお倭国、百済、新羅を翻弄し続けた任那

危機に瀕していた百済

百済聖明王の主導による任那再建が始まろうというとき、事態は急変します。

それは、百済国内の問題でした。『日本書紀』欽明八（五四七）年四月の条に、百済は使者を遣わして、救援の軍を請うた、という記事がありますが、この「救援の軍」というのは、任那救援ではなく、百済を救援するためでした。

百済は、これに先立ち聖明王一六（五三八）年、都を夫餘に遷しています。これは高句麗の圧力を逃れての南下でした。聖明王一八（五四〇）年には、高句麗の牛山城を攻めますが、勝てませんでした。

欽明九（五四八）年一月、百済の使者の帰国に際し、倭国は、要請された救援の軍は必ず派遣するから、そのように王に報告するように、と申しわたしました。同年四月、百済は遣使して救援軍派遣の礼を述べるとともに、馬津城《ましんのさし》の役でとらえた捕虜の口から、安羅と日本府が高句麗兵を招いたというのを聞いた、真偽のほどをうかがいたい、と上表します。またこの件では、移那斯と麻都が高句麗兵を招いた、と彼らを排斥する口実としていました。

しかし、大和朝廷からの返事は、このようなことはありえないこと、任那とともに対策を練り防御せよというものでした。高句麗の侵攻は、倭国にとっても任那確保のための重大な問題でしたから、一〇月には兵三七〇人を百済に派遣、得爾辛《とくにし》に城を築かせています。

同欽明九（五四八）年、高句麗が濊兵とともに漢北の独山城を攻撃、百済は、今度は新羅に救援を求め、新羅は三〇〇〇の兵を率いて高句麗を大破します。

一方、事態を重大とみた朝廷は欽明一一年二月、使者阿比多《あひた》を百済に遣わし、聖明王の股肱《ここう》の臣《しん》である奈率（一六位階の第六）馬武《めむ》を大使として派遣するように要求、また、高句麗の侵攻を防御するためにと、矢三〇具（一五〇〇本）を授けました。

阿比多の倭国への帰国に際して、聖明王は「任那の事は、勅を奉じて堅く守る。エナシ、マツの事は、問おうが問うまいが、ただ勅に従うだけだ」といい、高句麗の捕虜を献上しています。ここに至って、これまで度々求めていた移那斯、麻都の召喚を放擲《ほうてき》したのは、阿比多が直接調査したからなのか、高句麗の南下という切迫した事態が起こったためなのかは、定かではありません。

欽明一二（五五一）年、百済は新羅・任那の連合軍を率いて高句麗を征伐、漢城の地を獲得、また、軍を進めて平壌（南平壌＝ソウル）を討ち、百済の旧地を回復したとありますが、これは『三国史記』百済本紀に記載された「聖明王二八（五五〇）年春正月、王は将軍の達己《たつこ》に一万の兵を率い、高句麗の道薩《どうさつ》城（忠北槐山郡槐山面）を攻めおとさせた」に照合します。

しかし百済は、これらの地を維持できるだけの力はなく、翌年には漢城、南平壌を放棄せざるを得なくなり、代わって、新羅が占領、欽明一四（五五三）年に新州を置いたと、『三国史記』百済本紀は伝えています。

新羅と高句麗の通謀？

百済が漢城、南平壌を放棄した欽明一三（五五二）年、百済、安羅、加羅の使者は、高句麗と新羅が親交を結び、百済と任那を滅ぼそうと計画しているので、救援の兵を賜り、先制攻撃しようと思う、軍勢はそちらにお任せします、と奏上します。それに対して倭国側からは、願いは聞きとどけた、任那と心を一つに力を合わせよ。そうすれば、天の庇護が必ずやあるだろう、との詔を与えています。

なおこの年、聖明王は使者を遣わし、金銅仏一体、幡《ばん》と蓋《がい》、経論を献上、仏法を授けました。これを聞いた天皇は歓喜して、躍り上がって喜んだと、『日本書紀』に記されています。仏教伝来の年は諸説ありますが、そのひとつがこの欽明一三年のことです。

それはさておき、事態が緊迫した百済は、前年送り出した遣使が帰国するのを待たず、欽明一四年一月、重ねて使者を遣わし、軍兵を要請しています。これに対して、欽明天皇は良馬二匹、大船二隻、弓五〇張、矢五〇具（二五〇〇本）を授け、軍兵は百済王の意のままに用いるように、と宣しました。このとき、医・易・暦博士の交替と、卜書《ぼくしょ》、暦本、種々の薬物の送付を申しつけています。

新羅と高句麗が通謀しています。それは、「いま百済と任那はしきりに日本に詣でて軍兵を乞うているようなので、日本の軍兵が出発しないうちに安羅を奪取して、日本の道を絶とう」としているのです。速やかに軍兵の派遣をお願いします。秋の頃までには任那の官家《みやけ》を強固なものにしたい。そのためにも一刻も早く派遣を願います、とつづいて八月、百済は使者を遣わし、奏上しています。

百済の切迫した状況が手に取るように伝わってきます。この上表文では、かつて百済が河内直、移那斯、麻都らとともに排斥した的臣《いくはのおみ》の死去も伝えていますが、ここでは、的臣の死を悼み、功績をたたえています。誹謗を重ね、何度も召還を求めたにもかかわらず、こうした賛辞を呈する百済の無定見ぶりを、末松氏は「唾棄すべき」と、一刀両断しています。

ともあれこの年（欽明一四年）一〇月、百済の王子余昌《よしょう》は高句麗と戦い、戦果を挙げたと、『日本書紀』は伝えています。

百済聖明王の死と任那滅亡

しかし百済の戦況はますます逼迫、欽明一五（五五四）年正月早々、百済は筑紫に使者を遣わしています。彼らは、一月に百済に派遣予定の軍勢の数を確かめる命を受けていました。そこで内臣と佐伯連らは、「軍一〇〇〇、馬一〇〇匹、船四〇隻」を派遣する旨を伝えています。翌二月、さらに将軍らを遣わし、また救援の兵を要請しました。このとき、五経博士、僧侶らを交替させ、要請のあった医・易・暦博士、採薬師、楽人らを貢上しています。

五月になってやっと内臣は海軍を率いて出発、百済に到着します。おおいに力を得た聖明王は、『日本書紀』では一二月九日、百済と伽耶の兵を率いて新羅を攻撃、函山《かむむれ》（管山城）を陥落させました。そこで早速使者を遣わし、戦況を報告するとともに、この度の戦闘でよく戦った筑紫の兵のさらなる派遣を願い出たのでした。この戦いで新羅、百済の両軍は死闘を繰り返しましたが、聖明王は新羅軍の副将の奇襲攻撃で殺されたと、『三国史記』新羅本紀にあります。一方、百済本紀は、「賊兵（新羅軍）に殺害されて薨去した」と伝えています。

『日本書紀』では、聖明王の王子余昌は老臣の諫《いさ》めを振り切り、「私には大国日本がついている、恐れることはない」といって新羅に入り、久陀牟羅《くだむら》に要塞を築いたので余昌を慰問するためその地を訪れた聖明王は、新羅の兵に包囲され、新羅の奴隷に首をはねられたと記しています。一方、包囲された余昌は、弓の名手筑紫の国造《くにのみやつこ》の助けでからくも逃げ帰ることができたというのです。これにより、朝鮮半島中南部および沿岸地域における新羅の覇権が確立しました。

翌欽明一六（五五五）年、余昌は弟の恵《けい》を遣わし、「聖明王は、賊のために殺されました」と、奏上させました。それを聞いた天皇は心を痛め、使者を遣わし、港に出迎え慰問したといいます。諸臣たちもその死を悼みました。聖明王の死によって、長年にわたった任那復興計画は水泡に帰し、消滅したことになります。

そして欽明二三（五六二）年、『日本書紀』は、「春正月、新羅は任那の官家

図6-1　聖明王最後の地

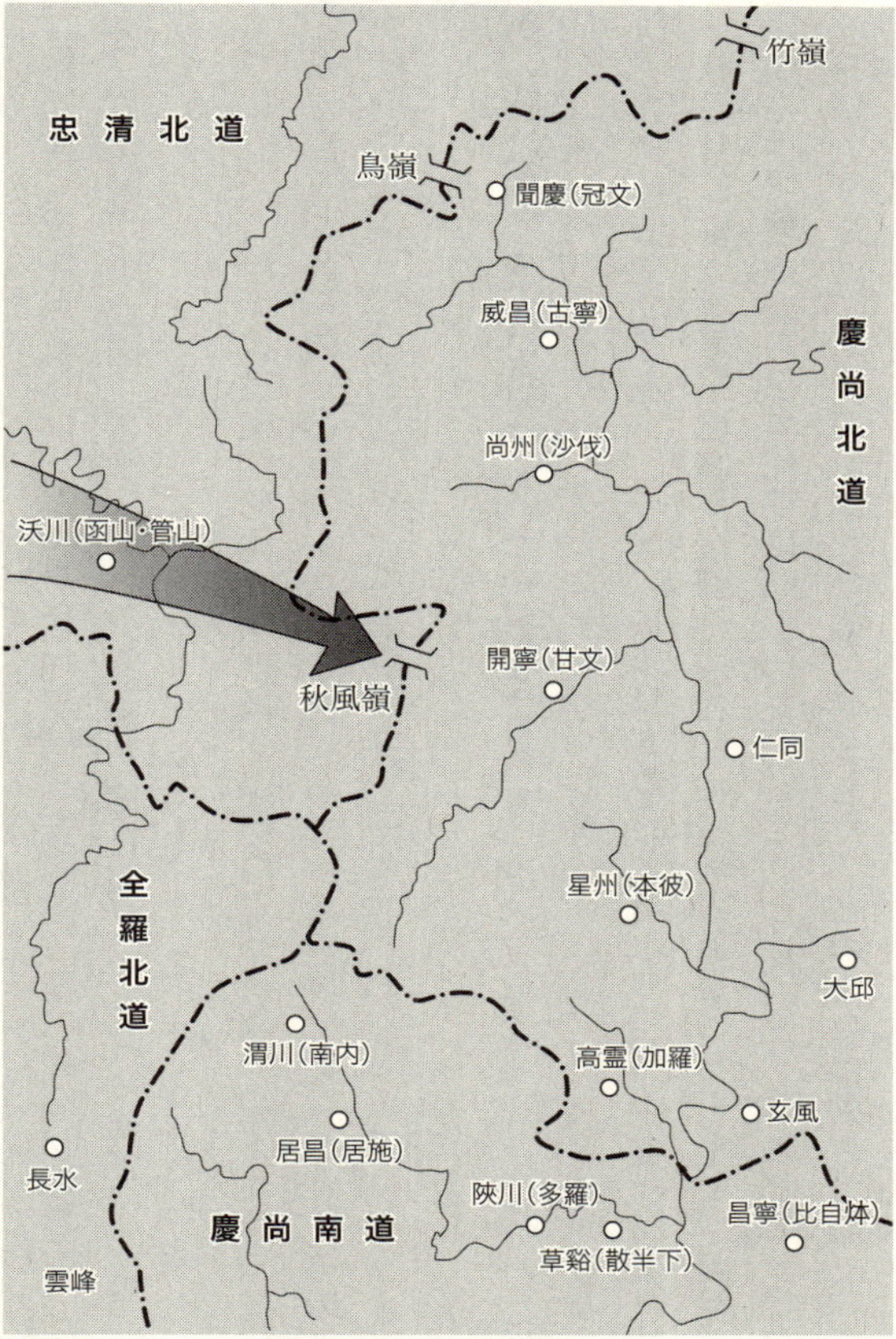

末松保和著『古代の日本と朝鮮　末松保和朝鮮史著作集４』より

を攻め滅ぼした」と記しています。また一本には、「二一年に、任那が滅んだ。総〔体〕を任那といい、別べつに加羅国、安羅国、斯二岐《しにき》国、多羅国、卒《そち》麻《ま》国、古嵯《こさ》国、子他《した》国、散半下《さんはんげ》国、乞飡《こちさん》国、稔礼《にむれ》国という。合せて一〇国。」とあります。

すでに五三二年頃には南加羅国、卓淳国、喙己呑国が新羅の傘下に入っていましたから、これらの一〇カ国も時間を異にしながら新羅に吸収され、その最後が欽明二三（五六二）年であったと考えられます。

新羅による「任那の調」の始まり

欽明天皇は二三（五六二）年夏六月に長文の詔を発し、任那の地の回復を誓い、秋七月には大将軍紀男麻呂《きのをまろ》宿禰を遣わし、哆唎《たり》の地から兵を率い、副将河辺臣《にへ》瓊岳《こそむれ》は居曾山から出て任那に向かいます。これとは別途、薦集部《こもつべ》の首《おびと》、登《と》弭《み》を百済入りさせて、軍事計画を進めさせました。この天皇の動きは急で、それまでの行動とは打って変わったものになっていますが、それは詔にある神功皇后新羅征討以来の故地を失ったことに対する悔恨の念と、復讐の想いから出たものと、素直に考えます。しかしながら、この新羅問責の戦役ともいうべき軍事行動は失敗に終わり、それとともに新羅との関係は、

㈠出兵直前の欽明二三年秋七月一日、新羅は遣使（使者は新羅が任那を滅ぼしたと承知していた）して調賦《みつぎもの》を献じた

㈡欽明三二年春三月五日、坂田耳子郎君《いらつきみ》を新羅に遣使して、任那が滅んだ〔理〕由を問うた

と、ほとんど一〇年間、空白の状態となっています。

この間、『日本書紀』の記録は自国と高句麗からの使者の来朝（複数回）のみを伝え、百済、新羅については伝えていません。『日本書紀』が引用している百済三書の一つ『百済本記』も、本国が混乱状態にあったのか、記録どころではなかったのか、記されていません。

そして欽明天皇は三二年夏四月に崩御、太子であった敏達《びたつ》天皇（在位五七二～五八五）が皇位を継承しました。

二三七ページの表は、新羅からの遣日本使を一覧したものです。この表自

体、古代日本と新羅の外交を象徴的に表した面白いものです。これによりますと敏達天皇治世下で、これまでの交渉が実ったためか、新羅による「任那の調《ちょう》」が始まったと考えられます。調とはもちろん「租庸調」の「調」で、絹などの織物を主とした特産物です。支配下の者が納めなくてはならない租税でした。

新羅側としても、国王、重臣たちの対倭外交（任那占領の代価として調を手厚くし、旧任那の地を含め、国土の安全を保つという）の基本がまとまらず、ときには積極的、またときには消極的にと、対応にブレがあるのが興味をそそられます。

まず『日本書紀』敏達天皇紀の、新羅による遣日本使を中心にした記録は、

・敏達三年冬一一月……新羅が遣使して調を進《たてまつ》った。

・敏達四年春三月一一日？……百済が遣使して調を進《たてまつ》った。いつもの年よりはるかに多かった。天皇は、新羅がまだ任那を建てないので、皇子と大臣に詔して、「任那のことをお

表6-1　新羅よりの遣日本使の一覧

持統天皇	天武天皇		天智天皇	斉明天皇	孝徳天皇		皇極天皇	舒明天皇	推古天皇	敏達天皇
					白雉	大化				
687〜697	672〜686		662〜671	655〜661	650〜654	645〜649	642〜644	629〜641	593〜628	572〜585
元年 王子 ⑨⑫	7年 ○※	元年 ○	7年 ⑨	元年 ⑨※	元年 ○	元年 ○	元年 (祝)(弔)	10年 ○	6年 ○	3年 ○
3年 ⑨弔※	8年 ⑥⑧	2年 ⑤ ⑥祝 ⑪ ⑦弔 ⑩弔	8年 ⑧	2年 ○	2年 ⑧※	3年 ○		12年 ○	8年 ○	4年 ○
6年 ⑨	9年 ⑧⑩		10年 ⑧		3年 ○	3年 ⑤			18年 ⑪	8年 ⑪
7年 ⑧⑩	10年 ⑦⑩	4年 王子 ⑨⑩⑪⑫			4年 ○	4年 ○			19年 ⑪	9年 ⑪※
9年 王子 ⑧⑩	12年 ⑧⑩	4年 ⑨⑩			5年 (弔)	5年 ⑧			24年 ⑪	
	14年 ④⑤	5年 ⑧⑨⑫							29年 ⑪	
		6年 ⑥※							31年 ⑪	
※無礼あり追い返される	※難破	※難破		※人質として来倭	※朝貢使、唐服着用のため追い返される					※無礼あり追い返される

新羅の京位（中央官の位）
①伊伐飡（角干）②伊尺飡（伊飡）③匝飡 ④波珍飡 ⑤大阿飡 ⑥阿飡 ⑦一吉飡
⑧沙飡（薩飡）⑨級伐飡（級飡）⑩大奈麻（韓奈麻）⑪奈麻 ⑫大舎 ⑬小舎（舎知）
⑭吉士 ⑮大烏 ⑯小烏 ⑰造位

こたるな」といった。

・同年夏四月六日……吉士金子《かね》を新羅に遣使した。吉士木蓮子《いたび》を任那に使させた。吉士訳語彦《おさひこ》を百済に使させた。

と、朝廷の関心は新羅に向き続けていますが、この直後、

・同年夏六月……新羅が遣使して調を進った。常の例より多かった。あわせて多多羅《たたら》、須奈羅《すなら》、和陀《わだ》、発鬼《ほちき》の四つの邑《むら》の調を進った。

とあります。この四つの邑とは、継体天皇二三年、新羅が占領した金官《こんかん》、背《へ》伐《ほつ》、安多《あた》、委陀《わだ》の四村を意味し、この全体が南加羅ということになります。新羅は任那全体はともかく、同地の最重要国で、大和朝廷ともいちばん古くから関係のあった南加羅の分として調を進ったのでした。この後、

・敏達六年夏五月五日……大別王と小黒吉士とを遣わして、百済国に宰《みこともち》とした（王の使者が命を受け三韓に使した）。
・同年冬一一月一日……百済国王〔威徳王〕は還《もど》り使の大別王らに付して、経論を若干巻、また律師、禅師、比丘尼《びくに》、呪《じゅ》禁《ごん》師、造仏工、造寺工、六人を献《たてまつ》った。けっきょく難波の大別王の寺に安置した。
・敏達八年冬一〇月……新羅が枳叱政奈末《きしさなま》（一七位階の第一一位）を遣わして調を進り、あわせて仏像を送った。（官位一一位とはやや位が低すぎると感じますが）
・敏達九年夏六月……新羅は安刀《あと》奈末、失消《ししょう》奈末を遣わして、調を進った。納めずに帰国させた。
・敏達一一年冬一〇月……新羅は安刀《あと》奈末、失消《ししょう》奈末を遣わして、調を進った。納めずに帰国させた。

とあります。任那の調の部分が欠けており、大和朝廷に受け取りを拒否されたことがうかがえます。敏達一二年朝廷は、百済王室に重用されている日系の日羅《にちら》（肥の国（熊本県）葦北《あしきた》国造阿利斯登《ありしと》の子で達率《だちそち》＝官位二位）を使って任那復興を図ろうとする伝説が、『日本書紀』に長々と出てきます。結局、この試みは挫折し、一三年に難波吉士木蓮子《いたび》を新羅に遣使、任那に立ち寄らせます。しかしながら敏達天皇の治世下で、一度は合意されたと思われる「任那の調」は、新羅王室内の反対が強かったのか、一度だけしか実現しませんでした。この「任那の調」をめぐって二国間の緊張は以後高まっていきます。

推古天皇・聖徳太子の治世下での外交

倭国は、敏達天皇の後、用明《ようめい》天皇（在位五八六～五八七）、崇峻《すしゅん》天皇（在位五八八～五九二）と続きますが、仏教の受容をめぐり国政が対立、混乱します。そうしたなかで、崇峻四（五九〇）年には兵を擁し吉士金を新羅に、吉士木蓮子を任那に遣わし、任那のことを問うたという記録があります。また、紀男麻呂宿禰、巨勢《こせ》猿臣、大伴連囓《くい》、葛城烏奈良《おなら》臣を大将軍として、二万余の兵を率いて筑紫に駐留させています。そしてわが国最初の女帝である推古《すいこ》天皇（在位五九三～六二八）の世となります。

推古朝は治世三六年におよび、聖徳太子（五七四～六二二）とともに、仏教受容と大寺の建立、一七条憲法や冠位一二階の制定、そして遣隋使の派遣と隋使裴世清《はいせいせい》の受け入れなど、内政・外政ともに日本古代史に新たな地平を開くような施策が、次々に実施されていきます。

そのなかで特筆すべきは、文化・宗教の受容でしょう。待ちの姿勢から前向き、積極的なものへと変わり、百済への尼僧の派遣や、隋への学僧の派遣、後の遣唐使の派遣（六三〇～）へとつながっていきます。

一方で推古天皇は、在位中から任那の回復を念願としてきた実父欽明天皇の志を継いで、新羅には軍事行動も含めた強い姿勢で臨んでいます。

・推古五（五九七）年冬一一月……吉士磐金《きしのいわかね》を新羅に派遣。翌年四月帰国。
・推古八（六〇〇）年春二月……新羅と任那が攻めあった（筆者注・旧任那の数カ国が反乱を起こしたのか？）。天

図6-2　皇室と蘇我氏の関係図

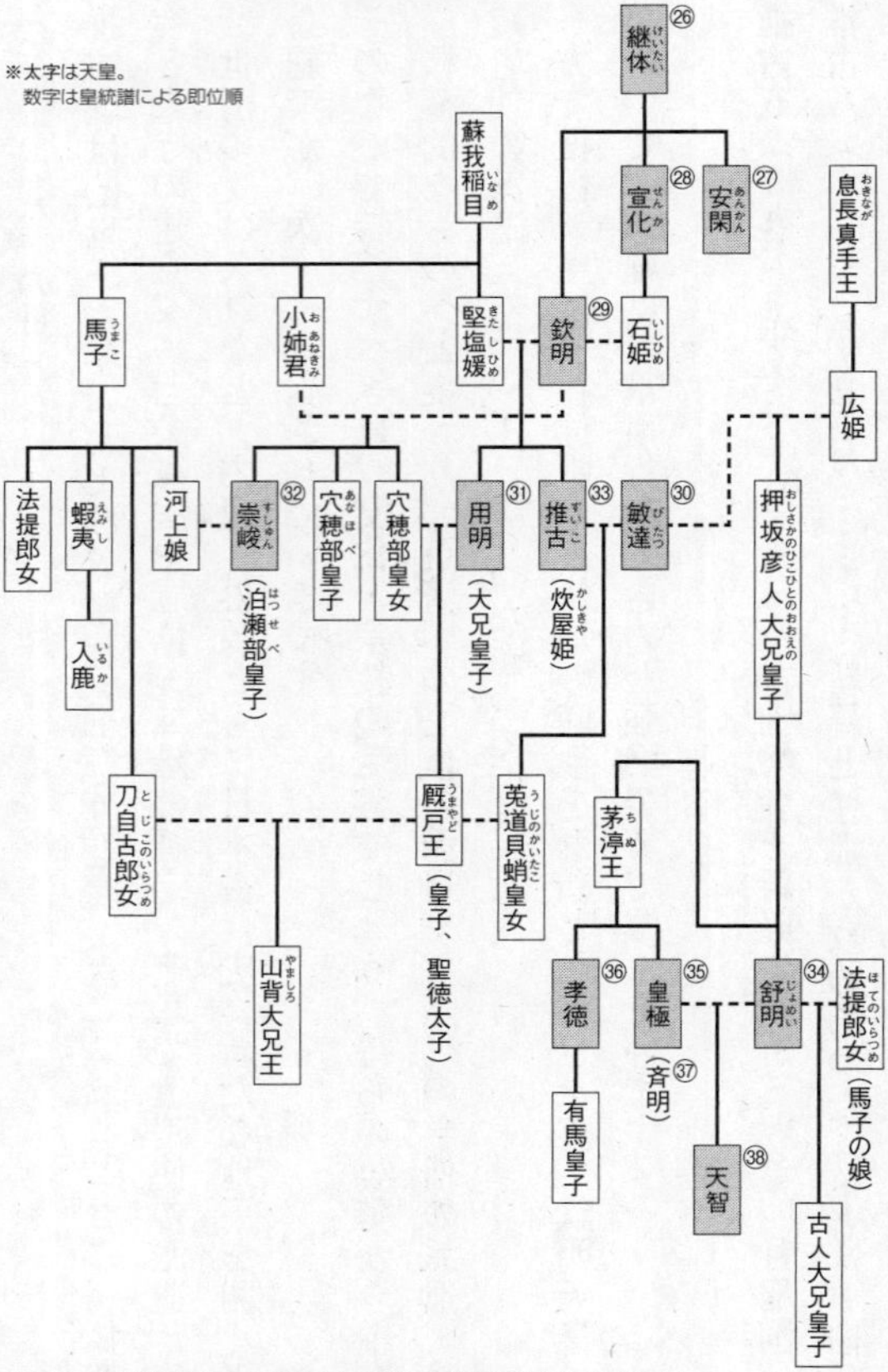

笹山晴生ほか編著『山川日本史総合図録（増補版）』（山川出版社）より

皇は大将軍境部臣《さかいべのおみ》、副将軍穂積臣に万余の兵を預け、海路新羅へ直行させ、五つの城を攻め落とした。新羅王は、多多羅、素奈羅、弗知鬼《ほちき》、委陀、南迦羅、阿羅羅（安羅）の六城を割いて降伏した。新羅王は「今から以後には、攻めあうこともなく、また船柁《かじ》を乾かさずに、毎年かならず朝（貢）します」といった。（朝廷は）将軍を召還したが、将軍が新羅を引き揚げるやいなや、新羅はまた任那に侵攻した。

・推古九（六〇一）年春三月……大伴連嚙《くい》を高（句）麗に、坂本臣糠手《あらて》を百済に遣わし、詔して「急いで任那を救え」といった。冬一一月、新羅を攻めることを議した。

・推古一〇（六〇二）年春二月……来目皇子を新羅を討つ将軍とし、諸々の神部《かんべ》および国造、伴造ら合わせて軍兵二万五〇〇〇人を授けた。

・推古一一（六〇三）年春二月……来目《くめ》皇子が筑紫で薨去。このため皇子の兄の当麻《たいま》皇子を征新羅将軍としたが、伴ってきた妻の舎人《とねり》姫王が明石で薨《こう》じ、この征討は中止となる。

相次ぐ薨去に、新羅征討は中止になったのでした。

「任那の調」の復活と途絶

この後、七年ほどブランクがありますが、推古一八（六一〇）年には新羅と任那の使人（もちろん新羅が代わって務めている）が、京にきて朝貢し、朝廷から歓迎されている様子が記録されています。「任那の調」の復活ともいえるものです。

秋七月、新羅の使人の沙喙部《さたくほう》の奈麻〔一七位階の第一一〕竹世士《ちくせいし》、任那の使人の〔沙《さ》〕喙部《たくほう》の大舎《たさ》〔一七位階の第一二〕首智買《すちばい》とが、筑紫に到〔着〕した。

九月、使を遣《や》って新羅、任那の使人を召した。

冬一〇月八日、新羅、任那の使人が、京にやってきた。この日、額田部連比羅夫に命じて、新羅の客を迎える荘馬《かざり》の長とした。膳臣《かしわで》大伴を、任那の客を迎える荘馬の長とした。そして〔客を〕阿斗《あと》〔大和国城下郡阿刀村〕の河辺の館に安置した。

九日、客らが朝廷を拝した。このとき、秦造《はだ》河勝、土部《はじ》連菟《うさぎ》に命じて、新羅の導者とした。間人《はしひと》連塩蓋《しおふた》、阿閉《あへ》臣大籠《こ》を、任那の導者とした。共にみちびいて南門から入り、〔宮の〕庭の中に立った。ときに大伴咋《くい》連、蘇我豊浦蝦夷《とゆらのえみし》臣、坂本糠手《あら》臣、阿倍鳥子臣が、共に席を起って、進んで庭に伏した。このとき、両国の客らは、めいめい再拝して、使の旨を奏した。

四〔人〕の大夫は、身を起して進み、大臣に申しのべた。大臣は、席から起って、庁の前に立ち聞いた。おわって諸客に賜禄〔物〕した。それぞれ差があった。

一七日、使人らに朝〔廷〕で饗〔応〕した。河内漢直贄《あやにえ》を、新羅の共食者とした。錦織首久僧《にしこりくそ》を、任那の共食者とした。

二三日、客らの礼が終わり、帰国した。

続いて推古一九（六一一）年です。

秋八月、新羅は沙喙部《さたくほう》の奈末《なま》〔一七位階の第一一〕北叱智《ほくしち》を遣わし、任那は習《しゅう》〔比〕部《ほう》の大舎《たさ》〔一七位階の第一二〕親智《しんち》周智《しゅうち》を遣わし、共に朝貢した。

その後、推古二四（六一六）年

秋七月、新羅が、奈末《なま》〔一七位階の第一一〕竹世子《ちくせいし》を遣わして、仏像を貢〔上〕した。

推古二九（六二一）年

この歳、新羅は、奈末《なま》〔一七位階の第一一〕伊彌買《いみばい》を遣わして朝貢した。書を〔上〕表して使の旨を奏した。およそ新羅の上表は、思うにこのときはじめて起ったのである。

推古三一（六二三）年

新羅は、大使、奈末智洗爾《ちせんに》を遣わし、任那は、達率《だちそち》〔百済の一六位階の第二〕奈末智《なまち》を遣わし、あいともに来朝した。そして仏像一組および金塔と、あわせて舎利を、貢〔上〕した。また大きな観頂《かんじょう》の幡《はた》一組、小さな幡一二条〔を貢上した〕。仏像は、葛野《かどの》〔京都市右京区辺〕の秦寺《うずまさ》に置き、余の舎利、金塔、観頂幡などは、みな四天王寺に納めた。このとき、大唐の学問僧の恵斉《えさい》、恵光《えこう》、および医〔師〕の恵日《えにち》、福因《ふくいん》らが、いずれも智洗爾らに従って来た。

ここで、新羅が、大和朝廷に朝貢に加えて、唐からの学問僧や医師の来朝の案内役を務めてくれていることがわかります。後に唐の高官の来朝の際にも、新羅は案内役を果たすことになります。

■戦乱続きの半島情勢

次は推古三一（六二三）年の記述です。

この歳、新羅が任那を伐った。任那は新羅についた。天皇はまさに新羅を討とうとした。大臣に謀り、群卿に問うた。田中臣*が答えて、「急いで討つべきではありません。まず状〔況〕を〔観〕察して、〔反〕逆を知った後に撃ってもおそくはございません。どうか試みに遣使して、その消息を観ることにしましょう」といった。中臣連国《くに》が、「任那は、もともとわが内官家《うちのみやけ》でした。いま新羅人が伐って〔領〕有しました。どうか、征討軍をととのえて、新羅を征伐し、任那を取って、百済に附〔属〕させましょう。〔任那が〕新羅に有るよりも、かならずまさっています」といった。田中臣が、「そうではありません。百済は言行にそむくことの多い国です。道路《みち》ゆく間でもなお詐《あざむ》きます。およそ彼〔百済〕の請うところはみな非です。それゆえ、〔任那を〕百済に附《つ》けてはいけません」といった。その結果〔新羅を〕征たないことになった。

そこで吉士磐金《きしのいわかね》を新羅に遣わし、吉士倉下《くらじ》を任那に遣わして、任那の事を問わせた。このとき、新羅国主は、八〔人〕の大夫を遣わして、新羅国の事を磐金に述べた。また任那国の事を倉下に述べた。よって約〔束〕して、「任那は小国だが、天皇の附庸《ふよう》〔小国〕である。どうして新羅がたやすく〔領〕有できようか。いつものとおり内官家《うちのみやけ》と定め、願わくは煩うことのないようにしたい」といった。そして奈末智洗遅《ちせんじ》を遣わして、吉士磐金に副えた。また任那人の達率《だちそち》〔百済の一六位階の第二〕奈末遅《なまじ》を、吉士倉下《くらじ》に副えた。また両国の調を貢じた。ところが、磐金らがまだ帰国しないうちに、その年に、大徳〔一二位階の第一、正四位〕の境部臣雄摩侶《おまろ》、小徳〔第二、従四位〕の中臣連国《くに》を大将軍とした。小徳の河辺臣禰受《ねず》、小徳の物部依網《よさみ》連乙《おと》等、小徳の波多臣広庭、小徳の近江脚身《あなむ》臣飯蓋《いいふた》、小徳の平群《へぐり》臣宇志、小徳の大伴連（名を欠く。）、小徳の大宅《おおやけ》臣軍《いくさ》を、副将軍とした。数万の軍兵をひきいて、新羅を征伐した。このとき磐金らは、共に港でおちあい、出航しようとして風波をうかがっていた。そこへ水軍が海に満ちみちるほど多く到着した。〔新羅、任那〕両国の使者は、望み見て愕《がく》然《ぜん》とし、帰国し留まった。さらに堪遅大舎《たんじたさ》〔新羅の一七位階の第一二〕を任那の調の使に代えて、貢上した。磐金らは語りあって、「軍を起したことは、まったく前の約束と違っている。これで任那の事は、いままた成〔就〕しなくなった」といい、すぐに出航して、〔海峡を〕渡った。ただ将軍たちは、はじめて任那に到って〔軍〕議をして、新羅を襲〔撃〕しようとした。新羅国主は、大軍が来ると聞き、〔戦う〕前からおそれて〔降〕服したいと請うた。そこで将軍たちは共議して〔新羅王を許すよう〕上表した。天皇は聞きいれた。

冬一一月、磐金、倉下らが、新羅から帰ってきた。大臣は、その〔新羅の〕状〔況〕を問うた。答えて、「新羅は、〔天皇の〕命を奉じて、おどろきかしこまりました。〔任那と〕ともに〔それぞれ〕専使をつかわし、両国の調を貢〔上〕しようとしていました。それなのに水軍が到来したのを見て、朝貢の使者は、あらためて帰国してしまったのです。ただ調はそれでもなお貢上いたしました」といった。ここに大臣は、「悔しいなあ、はやまって軍を〔派〕遣したなあ」といった。時の人は、「この軍事は、境《さかい》部《べ》臣や阿曇《あずみ》連が、まず多く新羅から贈物を得たので、大臣に勧めた。それで使の旨を待たずに、はやまって征伐したのだ」といった。はじめて磐金らが、新羅に渡った日に、〔新羅の〕港につくころ、飾り船が一隻、海の入江に出迎えた。磐金が問うて、「この船はどの国の迎え船か」といった。答えて、「新羅の船です」といった。磐金はまた、「どうして任那の迎え船がないのだ」といった。そくざに、さらに任那のために一船を加えた。新羅が迎え船を二隻とするのは、このときに始る。

この戦役については、『三国史記』の新羅本紀、百済本紀いずれにも記載がありませんが、この頃、二〇一ページの表のように、新羅は北から高句麗、西南から百済の侵攻を受け、応接にいとまがないほど戦っていたのです。「新羅が任那を伐った」ということは、半島の情勢に疎かった朝廷が、百済の旧任那地方侵攻に対し、新羅が応戦したことを意味しているものと解釈できます。

続く舒明天皇（在位六二九〜六四一）の代では、六六〇年、滅亡に向かう百済が、燃え尽きるろうそくの最後の光のごとく、つかの間の対新羅戦優位のなかで、倭国への朝貢を再開します。一方、高句麗は、重臣泉蓋蘇文による栄留王暗殺（六四二年）を目前にして、大和朝廷の後方支援を期待してか朝貢、アプローチが続きます。

・舒明二（六三〇）年春三月……高句麗の大使宴子抜《あんしばい》、小使若徳《にやくとく》、百済の大使恩率（官位第三位）素子《すし》、小使徳

率（第四位）武徳《むとく》が共に朝貢した。朝廷で饗応した。

・舒明三（六三一）年春三月……百済義慈《ぎじ》王が王子豊章《せしむほうしょう》を入れて質とした（筆者注・六六三年に倭国はこの皇子を百済王として擁立、白村江で唐・新羅連合軍と戦うことになる）。

・舒明四（六三二）年秋八月……大唐高表仁が、（遣唐使の）犬上君三田《みた》耜《すき》の帰国を送って来朝、共に対馬に泊った。このとき、倭国よりの学問僧も含め、新羅の送使らがやってきた。翌年春三月、大唐の客を送使らは対馬まで送って戻ってきた。　・舒明七（六三五年）年夏六月……百済が遣使、達率（官位第二位）柔《ぬ》等《ら》が朝貢。

・舒明一〇（六三八）年……この歳、百済、新羅、任那、そろって朝

・舒明一一(六三九)年秋九月……大唐の学問僧、恵隠、恵雲が、新羅の送使に従って入京した。冬一一月、新羅の客を朝廷で饗応した。このさい冠位一級を賜った。

・舒明一二(六四〇)年冬一〇月……大唐の学問僧清安、学生高向漢人玄理《たかむくのあやひとげんり》が新羅をへて帰国した。そして百済、新羅の朝貢使が共に従ってきた。おのおのに爵一級を賜った。

この翌年、舒明天皇が崩御、女帝の皇極天皇(在位六四二～六四五)が即位します。後に重祚して斉明天皇になりますが、短い皇極朝の間に、中大兄皇子、中臣鎌足による蘇我入鹿の誅殺、蘇我一族の滅亡に立ち会うことになります。

図6-3　新羅を中心に見た三国の敵対関係

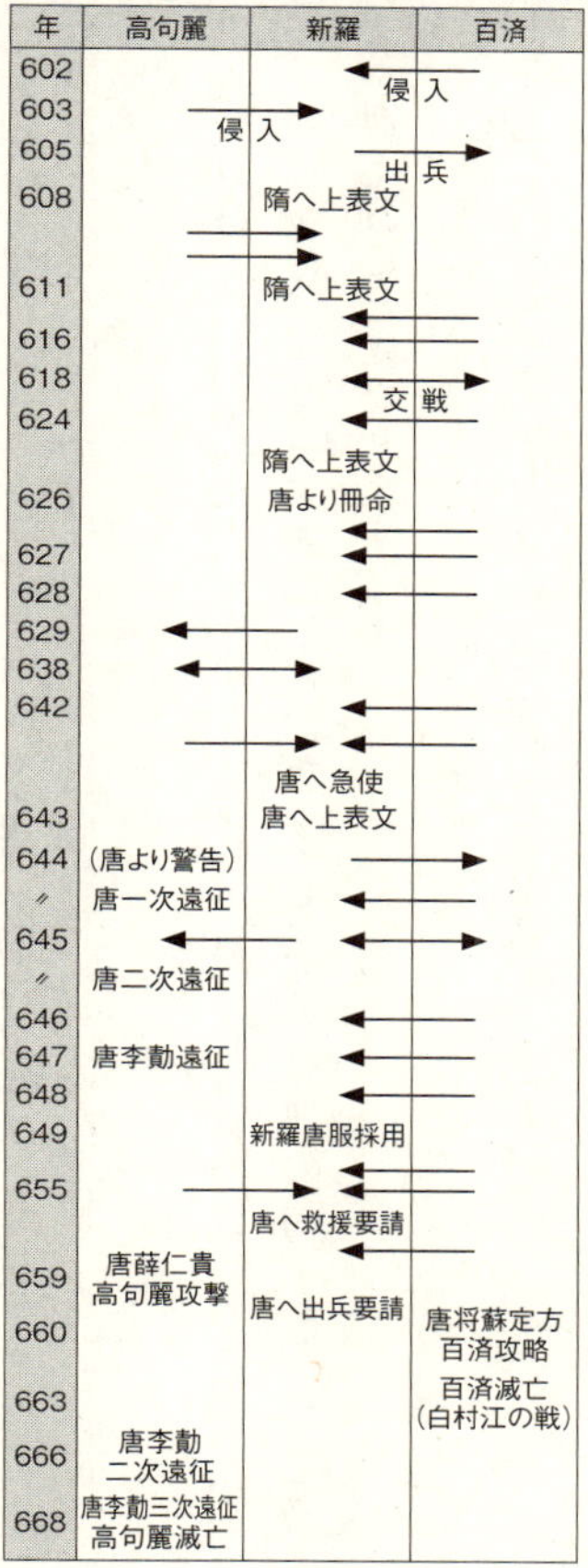

・皇極元（六四二）年春二月……百済の弔使、高（句）麗の使者が相次いで来朝。百済の使者からは王室内が乱れていることを、高（句）麗使からは、泉蓋蘇文による栄留王の殺害などの情報がもたらされた。同三月、新羅より即位の祝賀使と、弔喪使が来朝。夏五月、百済

の使者が調を進った。

・皇極二（六四三）年夏六月………百済と高（句）麗が遣使。

皇極天皇は在位四年で皇位を譲り、孝徳天皇（在位六四五～六五四）が即位、この年から、元号を立てることになりました。「任那の調」もクライマックスを迎えることになります。

・大化元（六四五）年秋七月十日の記載を以下に示します。

高麗、百済、新羅が、ともに遣使して調を進《たてまつ》った。百済の調使は、任那使を兼ね領《おさ》めて、任那の調を進った。ただ百済大使佐平〔百済官位一六位階の第一〕縁福《えんふく》は、病となり〔難波〕津の〔客〕館に留まり、京に入らなかった。巨勢徳太臣*は、高麗使に詔〔旨を伝え〕て、「明神御宇日《あきつかみとしててんかをおさめた》本天皇の詔旨は、天皇の遣わす使と、高麗の神の子の遣わし奉る使とは、過去が短くて、将来のほうが長い。このゆえに、温和の心で、ただただ継続して往来すべきである」といった。また百済使に詔して、「明神御宇日本天皇の詔旨は、始め、我が遠皇祖《とおつみおや》の世に、百済国を内官家《うちつみやけ》としたのは、たとえていえば三絞《みつより》の綱のようなものだ。中ごろ、任那国を百済に属させた。後には、三輪栗隈《くるくま》君東人《あずまひと》を遣わして、任那国の堺を観察した。このゆえに、百済王は勅に随い、ことごとくその堺を示した。しかるに調が欠けることがあった。そこで、その調を返却した。任那の出した物は、天皇が明らかに覧《み》るところだ。今から以後、具〔体的〕に国〔名〕と〔その〕出した調と題〔見出し〕をつけるがよい。汝《おまえ》佐平らは、元気でまた来なさい。早く明〔確〕に報〔告〕することだ。今かさねて三輪君東人、馬飼造〔名を欠く。〕を遣わす」といった。また勅して、「鬼部《きほう》の達率《だちそち》〔一六位階の第二〕意斯《おし》の妻子らを送り遣わすべし」といった。

「任那の調」の廃止——金春秋（のちの新羅武烈王）の来日

このときは、百済が最後の力を振り絞って、旧任那の地を回復したと見え、

「任那の調」を進っています。朝廷は、それに対し、引き続き調を進めよと申し渡していますが、翌年、事態は急展開します。

・大化二（六四六）年秋九月……小徳（冠位一二階の第二、従四位）の高向《たかむく》博士《はかせ》黒麻呂を新羅に遣わし、〔人〕質を貢〔進〕させた。とうとう任那《みまな》の調を廃した。

と、きわめて簡単に、重大な決定が記録されています。大和朝廷の外交政策に、どんな変更があったのでしょうか。新羅に赴いたのは、当時、わが国最高の知識人であった高向博士黒麻呂（高向漢人玄理）でした。彼は、推古一六（六〇八）年に小野妹子の遣隋使の一行として隋に留学、舒明一二（六四〇）年、三二年ぶりに帰朝、大化の改新では国博士として制度の学問的、技術的最高顧問の役割を果たした人物です。その人が、唐・高句麗間の戦争、新羅・百済間の戦争の最中に、新羅に出向いたのでした。在隋・唐時代の見聞や人脈などから、高句麗や百済よりも新羅に親近感をもっていたはずだと筆者は思っていますが、それこそが新羅王室の信頼を勝ち取った理由だと思われます。

高向博士黒麻呂は、当然のことながら、善徳王（在位六三二〜六四七）をはじめ、重臣で将軍の金庾信《ゆしん》、金春秋《こんしゅうしゅう》、そして在隋・唐時代から知り合いの新羅の高僧たちと会い、半島情勢や日本と新羅の関係と将来について話し合ったはずです。

筆者が考えるには、

㈠百済については、日本が大陸の王朝から百済経由の文化・宗教・芸術の輸入に狂奔するあまり、（百済の）任那進出を黙認し、任那を失ってしまったものの、現実に百済義慈王の王子豊章を人質として大和に居住させ、その威信は保ち続けていること。

㈡新羅については、「任那の調」の実態は任那の本拠地たる南加羅四邑（敏達天皇紀四年の四邑は、多多羅、須奈羅、和陀、発鬼、推古天皇紀八年の六城は、多多羅、素奈羅、弗知鬼、委陀、南迦羅、阿羅羅〈安羅〉）と、双方が了解していた節があるものの、日本は面子としてこれらの地域は（実効支配は別としても）認められないこと。ただし長年にわたる二国間の紛争の種であることは問題で、「任那の調」を廃するものの、百済なみの人質は認めさせねばならないこと。

㈢一方、新羅は、北は高句麗、西と西南からは百済の侵攻を受け、いかに唐を頼っているといっても、いちばん気にかかるのは日本の存在であり、南からの参戦は多少の犠牲を払ってでも防がねばならない事情にあったこと。

この間の事情は、高句麗に使し、日本を訪れた後、唐に出向き、太宗に面会した新羅の金春秋（後の武烈王、在位六五四〜六六一）にとっては、手に取るようにわかっていたものと筆者は想像します。

・大化三（六四七）年春正月……………高句麗、新羅がともに遣使して調賦を貢献した（筆者注・百済からの遣使は記録されていない）。

・同一二月………………………………決定的な次の記事があります。

新羅が、上臣《まかりだろ》〔大臣〕大阿飡《だいあさん》〔一七位階の第五〕金春秋《こんしゅんしゅう》〔のち武烈王〕らを遣わして、博士で小徳の高向黒麻呂、小山中《しょうせんちゅう》〔天智三年の冠位二六階の一六位〕の中臣連押熊《おしくま》を送ってきて、孔雀《くじゃく》一羽、鸚鵡《おうむ》一羽を献〔上〕した。そこで春秋を〔人〕質とした。〔大化二年九月条参照〕春秋は姿や顔が美しく、よく談笑した。

死した任那に翻弄された倭国・百済・新羅

新羅はかつて、第一八代実聖王（在位四〇二～四一七）元（四〇二）年に、先代奈勿王の王子（実聖王にとっては従兄弟の子）未斯欣《みしきん》を倭国に人質として送った例がありますが、金春秋としては、国の存続・安全のため短期間にせよ倭国に滞在し、朝廷の信頼を集めることが第一と、質の身に甘んじたのではないでしょうか。

ところが『三国史記』新羅本紀に金春秋の倭国入りの記述が見られないことから、倭国への来朝そのものを疑問視する声が、現在の学界では大勢を占めています。読者の方々は驚かれると思いますが、新羅使の来朝は、約一二〇年間で四六回を数えているにもかかわらず、そのすべてが『三国史記』新羅本紀では触れられていません。このことは、『日本書紀』の記録が正しいことを示す傍証になるのではないでしょうか。

・大化四（六四八）年……この歳、新羅は遣使し調を貢した。

・大化五（六四九）年……新羅は二度目の人質と従者を大量に大和朝廷に派遣。

さらに、斉明天皇元（六五五）年、「この歳、高麗、百済、新羅は、いずれも遣使して調を〔貢〕進した」とあり、新羅については別に及飡（一七位階の第九）の彌武《みむ》を（人）質とし、一二人を才伎（技術者）とし、彌武が発病して死んだ、とありますが、その後、新羅の質に関する記事は『日本書紀』にはありません。

任那の本貫地である金官加羅は国王が五三二年一族を率いて新羅に投降、さらに五六二年に残余勢力も消滅に至ったのです。そして「任那の調」が廃されたのが大化二（六四六）年です。この八四〜一一〇年の間、死した任那は倭国、百済、新羅を翻弄し続けたのでした。

付章

任那諸国と関連する地名

草渓役場より

■**散半下（散半奚・草八・草伐）**

現在の慶尚南道陜川《ハプチョン》郡草渓《チョウケ》面に比定される。任那の一国で、欽明二（五四一）年、同五（五四四）年の任那復興会議に参集、欽明二三（五六二）年、任那滅亡時の一〇カ国のうちの一国でもある。『三国史記』地理志には草八兮とあり、同新羅本紀一〇八年、「軍隊を動員して、比只《ひし》国（慶南昌寧郡）・多伐《たばつ》国（慶南大邱市）・草八国（慶南陜川郡草渓面）を討伐して、これを併合した。」とある。

大邱と潭陽を結ぶ八八道路（一九八八年のオリンピックのときに急遽つくら

れたため、韓国の高速道路のなかではこの道路だけが二車線）から、洛東江の支流黄江沿いに南下したところにある小村。周りを低い山に囲まれた盆地で、道路沿いには玉葱畑と水田が広がる、のどかな農村地帯でもある。訪れたときは、ちょうど収穫時とあって、玉葱があちこちに積み上げられているのを目にした。

歴史を伝えるものは何一つ見当たらず、訪れた役場でもここまで訪ねてくる日本人はほとんどいないとあって、びっくりした様子だった。今は、ここが、古代に任那の一国であった散半奚と呼ばれた地だったことを、知る人はいないのだろう。

■多羅（多良・大良・大耶・多伐）

現在の慶尚南道陜川郡に比定される。『三国史記』地理志に大良、大耶とある。古くは『日本書紀』神功四九（三六九）年に、荒田別、鹿我別将軍が新羅を撃破、平定した七国のなかに南加羅、安羅などとともに多羅もその名がある。

陜川玉田古墳群

任那の一国で、欽明二（五四一）年、同五（五四四）年に開かれた任那復興会議のメンバー、同二三（五六二）年、任那滅亡のときの一〇国にも名を連ねている。

『三国史記』新羅本紀には、真興王五六五年九月、新羅は「完山州を廃止して大耶州を置いた」とある。任那滅亡後三年後のことであり、新羅にとって多羅は重要な地であったと考えられる。

洛東江の支流黄江下流域に位置し、洛東江以西と以東地域を結ぶ交易の要衝でもあった。現在も、潭陽と大邱を結ぶ高速道路沿いより少し南下したところにあり、古代にあっては、百済と新羅を結ぶ内陸路の重要な位置にあったと思われる。

多羅国支配者の墓と思われる玉田古墳群は、墳墓が低い丘陵の上にかなり密集して形成されていて、そのなかの四号墳は倭系の古墳と考えられている。

出土品は、古墳に隣接する陜川博物館に展示されている。そのなかで注目されるのは、龍鳳環頭大刀、兜などの武具、鐙《あぶみ》、馬面冑などの馬具といった鉄製品、トンカチ、鋏《はさみ》などの鍛冶用具があることだ。「鉄の国　多羅」をキャッチフレーズにするゆえんでもある。なお、出土品の多くは、日本の古墳中期に類似したものが多いと、解説にある。

博物館パンフレットには、欽明二年と欽明五年の二度にわたる任那復興会議に参加した大伽耶連盟体の一員だったと明記されている。

■伴跛（本彼・碧珍）

現在の慶尚北道星州《ソンチユウ》郡付近に比定される。星州は、星山伽耶、碧珍《ピヨクチン》伽耶ともよばれた。『三国志』魏書弁辰伝の半路国。『三国遺事』の五伽耶の一つ星山伽耶。

継体七（五一三）年から九年にかけて、百済と己汶の地をめぐって争い、己汶と帯沙（蟾津江の中流及び下流域）の地が百済の領有と認められると、「城を子呑、帯沙に築いて、満奚につらね、烽火台、兵糧庫を置いて、日本に備えた。」と、『日本書紀』は記している。

このように日本を怨み、攻撃的な態度に出た伴跛国を、末松保和は『古代の日本と朝鮮　末松保和朝鮮史著作集4』（吉川弘文館）の中で「任那北部の代表的勢力で」あり、百済との領土争いは、伴跛一国と百済との争いではなく、伴跛国が加羅諸国全体を代表したものであった、と指摘している。

洛東江の支流伊川に沿った盆地にある星州は、水路が整備されたことにより、米と麦の二毛作ができるようになった。また、まくわ瓜の生産が国内一で、まくわ瓜用のビニールハウスがいたるところで目につく。それらのおかげで、街は豊かになり、活気を呈していた。風水の街としても知られていて、全国から人が集まってくるという。

川を挟んで小高い丘に星山洞《ソンサンドン》古墳群がある。説明板には星山伽耶の文字が読

星山洞古墳

み取れる。出土品は、大邱郊外の啓《ケ》明《ミョン》大学校に展示されている。

■倭館《ウエカン》駅(慶尚北道漆谷《チルコッ》郡倭館邑)

星州から車で三〇分あまり、倭館という駅名があることが、前々から気になっていた。司馬遼太郎の『街道をゆく2　韓《から》のくに紀行』(朝日文庫)にも、倭館へ行きたいと言ったとき、連れていかれた顛末が記されている。

ここで、倭館駅についてふれてみよう。

ソウルと釜山を結ぶ京釜《キョンブ》線にある駅で、明治三八(一九〇五)年に開業した京釜線開設にあたっては、多くの日

倭館駅

本人が従事したという。駅名は文禄・慶長の役のとき、日本軍の兵糧集積所があったことに由来する。

当時は、敷設に従事した日本人が多く在住したといわれるが、今は米国兵とその家族の姿を多く見かける。それは、米軍基地が一基（大邱には二基）あるためで、ここに基地が置かれているのは、朝鮮戦争の際には、ここまで攻め込まれ、橋を破壊してからくも防御した激戦地だからである。

面白いことに、この鉄道を唄った鉄道唱歌『満韓鉄道唱歌』が、大和田建樹によってつくられているのを見つけたので、歌詞を紹介する。

「豊太閤の征韓軍　暫くここに留まりて
其名を残す倭館駅　偉志先年に朽ちもせず」

■卓淳（達句伐・多伐）

『日本書紀』欽明五（五四四）年三月の条に喙淳、『三国史記』地理志に達句火とある。今の大邱付近に比定される。但し、卓淳の比定地には二説ある。

『三国志』魏書弁辰伝の州鮮国。『三国史記』新羅本紀一〇八年に、「軍隊を動員して、比只《ひし》国（慶南昌寧郡）、多伐《たばつ》国（慶南大邱市）・草八国（慶南陜川郡草渓面）を討伐して、これを併合した」とある。

『日本書紀』神功四六（三六六）年、斯摩宿禰を卓淳に派遣したとき、百済人の使者が卓淳にやって来て、日本への道を聞いたという記事がある。この三月の条に「もし海港があったとしても、〔船がなければ〕どのようにして〔到〕達できようか」という記事から、津田左右吉は卓淳が日本に通じる良港を有していたと解釈、「卓淳は漆原を中心として北は洛東江に到り、南は舊馬山浦を控へ海路日本に通ずるを得る位置にありしならん」と、卓淳を漆原付近に比定している。

古代朝鮮の地名について克明な論考がある鮎貝房之進は、卓淳を大邱と比定し、それについて、大邱は「今も同様慶尚道に於ける四通八達の要衝」「日本の征新羅軍の策謀根拠地として慶尚左右道の諸国を平定せしところも此処なり」としている。

また、任那の安羅と耕地の境界をめぐっての争いがあったことから、洛東江流域の東方で、新羅領と任那領の中間に位置した国とも、記している。神功四九（三六九）年、荒田別、鹿我別を将軍として、百済の使者とともに卓淳国に集まり、新羅を撃破した。その時に平定した七カ国のうちの一国。

『日本書紀』によれば、欽明期、百済の聖明王は、卓淳国が新羅に滅ぼされたのは、君臣が仲たがいをして新羅に内応したからだと、再三指摘している。

大邱市の西門市場のそばに、市民の憩いの場となっている達城《ダルソン》公園がある。この公園は、かつて、『三国史記』新羅本紀二六一年に、「春二月、達伐城（慶北大邱市）を築いて、奈麻《なま》の克宗《こくそう》を城主とした」とある達伐城があったところ

達伐城城壁（達城公園内）

で、園内には一部城壁が残っている旨を記した案内板がある。

卓淳国に比定される大邱は、現在はソウル、釜山に次ぐ第三の都市で、繊維・金属産業が盛んである。リンゴの産地で、リンゴをたくさん食べるからなのか、多くのミス・コリアを輩出していることでも知られる。

大邱には、国立大邱博物館のほかに、郊外の啓明大学校博物館では、発掘調査を行った星山洞古墳群、池山洞古墳群の出土品を所蔵展示している。また、市内にある慶北大学校博物館でも、新石器時代から高麗時代までの考古遺物を展示している。

■喙（喙己呑・押督）

慶尚北道慶山市に比定される。『三国史記』新羅本紀一〇六年に、「押督地方に行幸」という記事がある。神功四九（三六九）年、倭国に平定された七カ国（比自炑、南加羅、喙国、安羅、多羅、卓淳、加羅）のうちの一国。雄略九（四六五）年、この地をめぐって新羅と戦い、喙の地を平定したとある。このように、卓淳の南に位置する喙（喙己呑）は、つねに新羅の攻略に悩まされていた。

継体二一（五二七）年、近江毛野臣が六万の兵を率いて、新羅に破られた南加羅と喙己呑を再興しようとしたが、筑紫の磐井の乱によって阻まれた。再度、二三年安羅に遣わし、南加羅と喙己呑の再建のため、新羅と任那を和解させようとしたが、毛野臣の不手際で失敗に終わった。

欽明二（五四一）年四月、百済の聖明王は第一回任那復興会議で、新羅に滅ぼされた喙己呑の敗因は、加羅と新羅との国境近くに居て毎年攻められ、任那が救援できなかったためと指摘している。さらに、欽明五（五四四）年三月、

慶山造永洞古墳群

日本に使者を遣わし、喙（喙己呑）が滅んだのは、函《かん》跛《へ》旱岐に二心があり、新羅に内応して新羅軍を国内に引き入れたためであると、卓淳、喙、南加羅などの諸国の敗因が、王と重臣たちの二心、内応が原因だったとも、指摘している。

現在の慶山は、棗《ナツメ》、葡萄、リンゴの産地として知られるが、最近は大邱の衛星都市として開発が進められ、高層住宅の建設ラッシュでもある。大邱にあった嶺南大学校も移転している。嶺南大学のすぐそばに、林堂洞《イムダンドン》と造永洞《チョヨンドン》古墳群があり、出土品は同大学の博物館に展示されている。

密陽郊外

■**卒麻**

慶尚南道密陽《ミルヤン》市に比定される。『三国志』魏書弁辰伝では弥離弥凍。任那の一国で、慶尚南道金海郡率利馬の地かという。（岩波日本文学古典体系『日本書紀』の注）。

末松保和は前掲書（以下同）で「鮎貝氏は金海の北方、洛東江岸の生林面馬沙里の一部落「⿱䜌牛馬（ソルマ）」（または⿱䜌牛理馬）に比定された。⿱䜌牛馬は今はかやうに小さな部落の名に過ぎないが、その地は洛東江と密陽江との合流点の南岸に当り、要衝の地で、『三国志』魏書韓伝の弁辰走漕国も、鮎貝氏の指示されたやうに、この轡馬の対訳であるかもしれない。確定的とはいへないが、有力な候補地たるを失はぬといふべきであらう」と、述べている。

欽明二年と同五年、百済聖明王が招集した任那復興会議に出席し、欽明二三（五六二）年に新羅に滅ぼされた任那一〇国にもその名がある。

現在、密陽は京釜高速道路沿いにある街で、文禄の役の際、平和使節として重要な役割を果たした三人の僧侶をたたえるために建立された表忠寺《ピョチュンサ》や、韓国三大楼閣の一つ「嶺南楼《ヨンナムヌ》」などがある。

■子他

慶尚南道居昌《クチャン》または晋州《チンチュウ》に比定される。『三国志』魏書弁辰伝には古淳是とある。末松保和は「傍訓でコタと読ませてあることから、己他の誤りとするのが通説となっている。己他とすれば、『三国史記』地理志の己陁にあてるのが最も妥当で、今の慶尚南道居昌の地である。ちなみに、居陁は今の居昌地方を中心とし、南方は晋州地方にまで及んでゐたらしく、後世（六八五年頃）その南部を分割して晋州総管が置かれた。故に居陁は、晋州の古名ともされてゐる」と、記している。欽明二年と五年の任那復興会議のメンバー、同二三年、任那滅亡時の一〇カ国にもその名がある。

晋州の中心を流れる南江の川岸の小高いところに、晋州城がある。加藤清正、小西行長が率いる秀吉の軍と、壮絶な戦いが繰り広げられた戦場跡は、今は公園となっている。

■斯二岐

慶尚南道宜寧《イリヨン》に比定される。「鮎貝氏は三国史記地理志の卒爾県で、新羅統一時代の新繁県、今の慶尚南道宜寧郡富林面新反里の地であるとされた。確定的断案といふべきである」と、末松保和は記している。欽明二年と五年の任那復興会議のメンバー、同二三年、任那滅亡時の一〇カ国にその名がある。

南江下流域、宜寧から晋州へ通じる幹線道路より少し山奥に入ったところに、雲谷里《ウンコツリ》古墳群がある。道路脇の、山の斜面を削った、緩やかな斜面に小さな古墳が連なっている。発掘調査の結果、一号墳が倭系で、二一号墳からは須恵器が出土していることが判明。

雲谷里古墳群

■加羅(大伽耶・伽耶・加耶)

慶尚北道高霊郡に比定される。ただし、『日本書紀』に出てくる加羅は、加羅連合体、あるいは金海加羅を指す場合もある。『三国遺事』は、五伽耶の一つに大伽耶、今の高霊を挙げ、『三国史記』地理志には、大伽耶は真興王によって滅びて新羅の郡県となり、後に高霊郡といったとある。『三国志』魏書弁辰伝の弥烏邪馬国、『魏志倭人伝』の狗邪韓国。南斉の高帝建元元(四七九)年、加羅国王荷知が遣使朝貢したと、『南斉書』加羅国伝は伝えているが、このときの加羅は高霊の伽耶ではなく、金海伽耶であると考えられる。

『日本書紀』神功四九年三月の記事には、安羅、多羅ほか平定した七国に加羅も挙げられている。また、同六二年には、新羅が朝貢しなかったので壬午の年に葛城襲津彦を派遣、討伐したという記事に付随して、『百済記』は、襲津彦が新羅に籠絡《ろうらく》され、反転して加羅を討ち、加羅国王とその子らが百済に助けを求めて逃げ込んだ。そして、襲津彦の行状を国王の妹が日本に訴え出たので、天皇は大いに怒り、木羅斤資を派遣して加羅をもとに復したことを伝えている。このときの加羅が、金海伽耶か高霊伽耶かは不明。

応神一四年、弓月君《ゆつきのきみ》が百済から来帰し、自国の人夫を率いて帰化したが、新羅が邪魔をするので人夫はみな加羅に留まっていると奏上、天皇は襲津彦を派遣した。しかし、襲津彦が三年たっても戻ってこなかったので、一六年八月、襲津彦は新羅が道をふさいでいるので帰ってこられないのだろう、新羅を討って道を開くようにと詔して、平群木菟《へぐりのつく》宿禰と的戸田《いくはのとだ》宿禰を加羅に遣わした。彼らは、新羅を討ち、弓月の人夫と襲津彦とともにやってきたと、伝えている。このときの加羅は、高霊伽耶と思われる。

継体二三（五二九）年、穂積臣押山を通して多沙津（蟾津江河口）を百済に賜ることを知った加羅国王は、勅使に対して、多沙津は任那に官家が置かれて以来、遣使が朝貢するための渡航の港だった。それをなぜ、隣国の百済に賜るのかと抗議したが、抗議が受け入れられなかったので、加羅王は新羅の娘を娶り子どもまでもうけたとある。この記事から、内陸の山奥に位置した加羅が、洛東江によって海岸地域へ進出するための道の確保を、つねに意識していたことがうかがわれる。

欽明二年と五年の任那復興会議のメンバーとしてその名がある。また、一三（五五二）年には、百済、加羅、安羅が使者を遣わし、高句麗と新羅が連合して任那を滅ぼそうと計画しているので、救援の兵の派遣してほしいと願い出ている。『日本書紀』は、欽明二三（五六二）年、新羅は任那の官家を攻め滅ぼしたとして、任那一〇カ国を挙げている。その中に加羅国の名もある。一方、『三国史記』新羅本紀は、伽耶が反乱をおこしたが、降伏したと伝えている。

高霊郡《コリヨン》には八つの邑があり、それぞれの邑ごとに古墳群があるが、そのなかでも高霊邑にある池山洞《チサンドン》古墳群は、規模が大きい。標高三一〇・三mの主山から南にのびる稜線上と、東西に分かれる稜線上の斜面に大小二〇〇余基の古墳が点在、主山の山頂から少し下ったところには、大伽耶時代に外敵の侵攻から都と王宮を防御するために築かれた山城跡がある。当時は、戦いがあるたびに、邑民はここに逃げ込んだという。古墳群にはドーム型をした大伽耶王陵展示館があり、館内には四四号墳の内部を再現した王の墓と、出土品が展示されている。ここで目を引くのが、殉葬制度を再現していることである。

高霊の地は洛東江支流の伽耶川にひろがる平野に位置し、農耕には最適な立地条件で、また、四世紀頃に成立した冶炉《ヤロ》県（慶尚南道陜川郡冶炉面、伽耶面一帯）が服属していたことにより、山間部にあっても農業と鉄鉱開発によって加羅は安定的な成長を遂げた。

■南加羅（金海伽耶・金官伽耶）

慶尚南道金海市に比定される。『三国史記』地理志に「金海小京、金官国〈一云伽落国、一云伽耶〉」とある。『三国志』魏書弁辰伝の狗邪国。南斉高帝の建元元（四七九）年、加羅国王荷知が遣使朝貢したと、『南斉書』は伝えている。一方『三国史記』新羅本紀では、法興王一九（五三二）年、金官国王金《きん》仇亥《きゆうがい》が王妃三王子とともに来降したと、記している。また、『三国遺事』駕洛國記には、首露王を祖とする王統譜などの伽耶・加羅諸国にかんする記録を残している。

『日本書紀』には、崇神六五（前三五）年に、任那国が蘇那曷叱知《そなかしち》を遣わし朝貢したこと、垂仁二（二一三）年、意富《おお》加羅国の王子都怒我阿羅斯等《つぬがあらしと》（またの名を于斯岐阿利叱智干岐《うしきありしちかんき》）の来朝を伝えている。

神功四九（三六九）年、新羅を撃破し、平定した七カ国のなかに南加羅の名がある。

継体二一（五二七）年、近江毛野臣が六万の兵を率いて任那に行き新羅に破られた南加羅（金海、釜山辺）と喙己呑とを併合しようとしたが、筑紫の磐井の反乱で阻まれ、再度二三年、毛野臣を安羅に遣わし再建を試みるため、任那と新羅を和解させようとしたが、毛野臣の不手際で失敗に終わった。欽明二（五四一）年、百済の聖明王は任那復興会議の席上、南加羅が新羅に滅ぼされたのは、南加羅が小さく狭く、急ぎ備えることができず、頼るところを知らなかったので滅ぼされたと、指摘している。

『後漢書』、『魏志倭人伝』など中国の史書に度々倭との関係が記されている狗邪韓国（金官伽耶）は、今の金海市に当たるが、現在も歴史を実感できる場所が数多くある。その一つが、国立金海博物館で、その隣には伽耶誕生の地とされる亀旨峰《クジボン》、さらに始祖王金首露王陵と王妃陵がある。博物館のパンフレットには、「亀旨峰の地気を内部まで引き込む所に位置し」、黒色の建物外観は「鉄鉱石と石炭をイメージして、鉄の国と呼ばれた伽耶を象徴している」とあり、まさに、伽耶文化を体現できる場所である。博物館には、大成洞、良洞里《ヤンドンリ》、さらには咸安の道項里《トハンリ》、高霊の池山洞、陜川の玉田など任那全域の考古遺物が展示されている。

博物館に隣接する亀旨峰には、金官伽耶始祖伝説にある天から天降った六つの金の卵が置かれている。この卵が割れ、最初に生まれたのが古代駕洛国王金首露となり、残りの五つは、安羅伽耶は咸安に、古寧伽耶は咸寧に、星山伽耶は星州に、小伽耶は固城に、大伽耶は高霊にそれぞれ都を定めたという。

さらに、首露王陵近くには、大成洞、良洞里古墳群がある。発掘調査によって、これまで日本人の特殊な呪術的文物と考えられてきた巴型銅器や鏡が出土し、日本と金官伽耶との密接な関係を裏づけている。

■安羅（阿羅・安邪）

慶尚南道咸安郡に比定される。『三国史記』地理志に法興王のとき阿尸良国（一云、阿耶伽耶）を滅して咸安郡としたという。また、『三国遺事』五伽耶に阿羅（一作耶）伽耶（今咸安）とある。『三国志』魏書弁辰伝の安邪国。広開土王碑に「安羅戎兵」の文字がある。

神功四九（三六九）年新羅を撃破したとき平定した七カ国のうちの一国。継体七（五一三）年、新羅、伴跛とともに朝廷に使者を遣わし、己汶、帯沙の地を百済に賜るのに同席した。継体二二（五二八）年、日本からの使者毛野臣を迎え、新羅、百済の使者とともに勅を賜るために、新しく高殿を建てたとある。この高殿跡が最近発掘されたとの情報をえて、早速安羅を訪ねた。高殿跡は、忠義《チユンウイ》公園裏の小高い丘の上にあり、建物の構造などを記した説明板なども ある。ここからは、咸安の町が一望でき、咸州公園、慶全鉄道の線路などを目にすることができる。

欽明二、五年の任那復興会議のメンバーで、この後、任那復興に深く関与したのは、百済の聖明王と安羅にいた日本府の役人と使人で、聖明王と彼らとの攻防、欽明二三（五六二）年の任那滅亡までの詳細を『日本書紀』は詳しく伝えている。

咸安は洛東江の支流南江に沿ってひろがる盆地で、スイカの産地としても知られる。かつての六伽耶の一つ阿羅伽耶の歴史を広く伝えるため、毎年四月一五日を「郡民の日」と制定、その前後の週末に「阿羅祭」を行っている。

■久嗟（古嗟）

慶尚南道固城郡に比定される。『三国史記』の勿稽子伝にみえる浦上八国の古史浦とある。同地理志には「固城郡。本古自都」とある。『三国志』魏書弁辰伝の古資弥凍。『三国遺事』の五伽耶の小伽耶。欽明五年の任那復興会議のメンバー、同二三年任那滅亡時の一〇カ国のうちの一国。

固城には、戦前鳥居龍蔵ら朝鮮総督府によって発掘調査された記録の残る、松鶴洞古墳群がある。戦後一九八三年、姜仁求によって前方後円墳であることが確認された。二〇一二年五月一四日、松鶴洞古墳群に隣接して固城博物館が開館した。開館早々訪れ、古墳を見学した。学芸員の説明によれば、現在は前方後円墳ではないという見解だった。

■乞飡

慶尚南道昌原《チャンウォン》市または晋州市が比定地とされる。欽明二三年任那滅亡時の一〇カ国のうちの一国。昌原市は二〇一〇年馬山《マサン》市と鎮海《チネ》市と合併、工業都市としての発展は目覚ましい。鎮海には三浦《サムポ》（釜山浦・塩浦《ヨムポ》・乃而浦《ネイポ》）の一つ乃而浦に倭館があるので訪ねることにした。その途中、たまたま小西行長が築いた熊川倭城のそばを通りかかった。城跡は山の上にあるのだが、最近城門などの建物が道路脇に再建されている。乃而浦は、今は穏やかな海が広がる小さな漁村で、倭館をしのばせるものは何一つ残っていない。

　鎮海湾が深く入り込んだ馬山は、古くから港を中心に発展してきた。伽耶（任那）の頃は骨浦と呼ばれ、文禄・慶長の役では馬山城が築かれた。今では

乃而浦

小高い丘の上の公園にわずかに倭城の城壁が残るだけだが、公園からは、鎮海湾と町が木の間越しに望まれる。

■稔礼

慶尚南道居昌郡付近に比定される。欽明二三年任那滅亡時の一〇カ国のうち一国。

稔礼があった居昌が史書に記されているのは、『三国史記』新羅本紀八七年、「加召（慶南居昌郡加祚面金貴山城）・馬頭（慶南居昌郡馬利《マリ》面か）の二城を築いた」とある。つづいて同一五（九四）年、「伽耶軍が馬頭城を包囲したので、阿飡吉元を派遣し、一千騎の軍隊を率いて〔伽耶軍を攻撃させ、〕これを敗走させた」同一七（九六）年、「伽耶軍が〔新羅の〕南辺を襲った。加〔召〕城主長世を派遣し、戦わせたが、賊軍のために殺された」とある。

■史勿

慶尚南道泗川《サチヨン》市に比定される。『三国志』魏書弁辰伝の軍弥国。『三国史記』新羅本紀二〇九年、浦上《ほじよう》の八国（保羅・古自・史勿など）が連合して加羅を侵略しようとした際、加羅王子が救援を求めてきたので、八国を撃破したとある。古自・保羅などとともに浦上八国を構成。船津《ソンチン》湾に面して倭系の船津里古墳がある。文禄・慶長の役で島津軍と明・朝鮮軍が戦った泗川の戦いでも知られる。

船津湾に面した港湾都市、ＳＰＰ造船所、韓国航空宇宙産業の本社がある。

■比只（比斯伐・比自・新羅真興王拓境碑には比子伐とある）

慶尚南道昌寧郡に比定される。『三国志』魏書弁辰伝の不斯国。『三国史記』

新羅本紀によれば、一〇八年、比只国（慶南昌寧郡）・多伐国（慶南大邱市）・草八国（慶南陜川郡草渓面）を討伐、併合したとの記事がある。同二二四年、百済軍と烽山（慶南昌寧郡霊山面《ヨンサン》?）の麓で戦い撃破、烽山城を築いたとあり、二六六年再度攻撃してきたが、敗走させたとある。さらに、五五五年、完山州の州治を比斯伐（慶南昌寧郡昌寧邑）においたとある。

昌寧は、高霊、大邱から約一時間、高速道路沿いにある街で、昌寧邑には、松峴洞《ソンヒョンドン》古墳群、隣接して昌寧博物館があり、出土品を展示している。

ここ昌寧には、新羅真興王が任那滅亡の一年前の五六一年、この地を占領したときに建てた「新羅真興王拓境碑」が、万玉亭《マンオクチヨン》公園内にある。また、公園内には、一九五〇年、朝鮮戦争において国連軍が勝利した記念の「UN軍蹟碑」もある。説明板によれば、ここまで北鮮軍が侵攻したという。

■帯沙・帯沙津

慶尚南道河東《ハトン》郡に比定される。『三国志』魏書弁辰伝の楽奴。『三国史記』新羅本紀二九三年に、多沙郡（慶南河東郡）が穀物を献上とある。全羅南道と慶尚南道との境、蟾津江河口付近に位置する。この地を百済に賜ったことにより、新羅や伴跛、加羅の恨みを買ったことが、任那滅亡の遠因ともなった。村内を蟾津江が流れる河東の地はお茶の産地で、また、ズワイガニ、シジミ料理が有名。智異山《チリサン》の麓にある華厳寺までの道は蟾津江に沿って桜並木が続く。

■忱弥多礼

済州島に比定する説と全羅南道西南端の康津《カンチン》地方とする説と二説ある。

神功四九（三六九）年、荒田別、鹿我別将軍が卓淳に集まり新羅を撃破、加羅、安羅ほか七カ国を平定したのち、西に回り南蛮の忱弥多礼を滅ぼし百済に賜ったとある。その後、応神八（三九七）年、百済の阿花王が無礼を働いたので、忱弥多礼および峴南、支侵、谷那、東韓の地を奪ったとある。

穏やかな海が広がる康津湾に面した漁村で、生簀の魚を食べさせる店が並んでいる。高麗青磁発祥の地としても知られる。

蟾津江河東(帯沙)

康津湾

■古奚津

全羅南道康津に比定する説がある。忱弥多礼（済州島）に渡る要津。

■哆呼唎（哆唎）

哆呼唎の比定地は二説ある。錦江上流、全羅北道の東北部から忠清南道の東南部にわたる地方と、全羅南道の西南部、栄山江東岸一帯の地方とする説である。

雄略二一（四七六）年、百済が高句麗に破られたと聞き、天皇は熊津《こむなり》（忠清南道公州）を百済王に賜ったとある。これに対し、「コムナリ〔熊川〕は、任那国の下《あるし》哆《た》呼唎県《こりのこおり》の邑《むら》である」との注がある。この記事からすると、クマナリ（熊川・慶尚南道昌原市鎮海《チネ》区熊川《ウンチヨン》洞）に近い地ではなくてはならないので、上記の二説ともはるかに離れている。

継体六（五一二）年、百済に割譲した四県（上哆唎・下哆唎・娑陀・牟婁）が全羅南道に比定されるので、栄山江流域が妥当と考えられる。この四県の百済割譲が、任那滅亡の引き金になったといわれる。

■久麻那利

熊川、熊津《ウンジン》ともいう。熊川は慶尚南道昌原市鎮海区熊川洞。熊津は忠清南道公州の古称。雄略二一年、百済が高句麗に破られたと聞き、天皇は百済王に熊津を賜ったとある。この記事の注に「コムナリ（熊川）は任那国の下哆呼唎県の邑である。」とある。

継体二三（五二九）年、先に安羅に派遣された近江毛野臣は、このとき熊川に居を構え、新羅と任那を和睦させるようにとの天皇の詔勅を伝えるために、新羅、百済二王を招集したが、やって来なかったのを怒り、熊川から退いて、任那の己叱己利城に入った、との記事がある。

■己汶

蟾津江流域の地。今の全羅南道の東南部、慶尚南道との境界の地。継体七（五一三）年、この地をめぐって伴跛国と百済が争い、結局百済に賜ったが、

多大浦

その結果伴跛国の恨みを買った。

■**娑陀**

全羅南道求《ク》礼《レ》郡（沙等または沙等邑）の地か。

継体六（五一二）年、穂積臣押山の勧めで百済に賜った四県のうちの一県。この件で穂積臣押山と大伴大連金村は百済から賄賂をもらったとの噂が流れた。

■**多多羅原**

現在の釜山の南の多大浦《タデポ》。

神功五年、葛城襲津彦がだまし討ちをした新羅の使者を征伐した後、蹈鞴《たたらの》津《つ》に泊まったとの記事がある。また、継体二三（五二九）年、毛野臣の招集に応じず、新羅の大臣が三カ月多多羅原に留まっていたことを伝える記事もある。

多大浦は、釜山から一時間余りで行ける海水浴場として知られ、海沿いには観光客目当ての刺身を食べさせる店が並んでいる。対岸には高層マンションが立ち並んでいて、歴史を伝える面影はない。

任那史研究小史

任那の歴史を総体的に取り上げた通論・研究の主なものは、現在も任那史研究者必携書である末松保和の「任那興亡史」（『古代の日本と朝鮮　末松保和朝鮮史著作集4』吉川弘文館所収）で、これを参考に小史をまとめてみたいと思います。

最初の通史としては、江戸時代徳川光圀の下で編纂された『大日本史』（巻二三七・列伝一六四・諸蕃六）の任那伝が挙げられます。この任那伝は、『日本書紀』のなかの任那関連記事を編年に綴ったもので、時代としては崇神天皇六五年の任那国の朝貢から、大化二年九月高向玄理《たかむくくろまろ》（黒麻呂）による「任那の調」の廃止までにわたっています。通史ではありますが、内容としては『日本書紀』の抜粋にとどまったものです。やはり、本格的な研究は、明治に入ってからをまたねばなりませんでした。

著者所有の任那関連の研究書

明治二六年に稿成った、菅政友《すがまさとも》の「任那考」上中下三巻（『菅政友全集』明治四〇年、国書刊行会刊に収録公刊）は、本格的な任那研究書として特筆されるものです。本書は『日本書紀』の任那関連事項をもとに、日本と新羅・百済・高句麗三国との関係を朝鮮の史籍との対比によって試みたもので、出典の原文を全て収録しています。本書の中には、「高句麗好太王碑銘考」が収載されているのも注目されます。

その後、那珂通世《なかみちよ》の、朝鮮史料にもとづいて任那の現地とされる加羅を主体に考察した「加羅考」（『史学雑誌』第五編第三号～第七編第一〇号に連載された「朝鮮古史考」第八章所収）と、未完の名著といわれる『外交繹史』第二、三、四巻にも任那に関する論考が納められています。

津田左右吉の「任那《みまな》疆域《きょういき》考《こう》」（『朝鮮歴史地理』二巻、後に『津田左右吉全集第十一巻満鮮歴史地理研究一』岩波書店に所収）は、任那諸国の疆域、『日本書紀』に記載された任那諸国の位置を考察したものです。「韓史に見ゆる廣義の加耶及び駕洛国記の六加耶に就いて」と題する付録には、新羅本紀の加耶、任那府の別名の加耶、駕洛国記の六伽耶、南斉書の加羅、任那府の所在を大加耶とする誤謬《ごびゅう》、六伽耶の名称の由来などに就いてを論証しています。

そのほかに、加羅に関する朝鮮・日本の両文献を網羅して、加羅の事蹟のすべてを考究した今西龍《いまにしりゅう》の「加羅疆域考」（「史林」第四巻第三・四号、後に「朝鮮古史の研究」国書刊行会所収）は、加羅・任那の呼称、加羅の六国、金官加羅・高霊伽耶、金官・高霊以外の加羅諸国、慶尚道とその付近の諸国で新羅に関係のある『三国史記』に記された数国などの国別に構成されています。著者にはほかに、百済と日本との関係を叙述した「百済史講話」（『百済史研究』国書刊行会）があります。

また、任那問題に多くのページを割いている『日本書紀』欽明天皇紀の百済・新羅との関連記事と、そこに登場する人物を中心に論考した李弘稙《イホンシク》の「任那問題を中心とする欽明紀の整理——主要関係人物の研究——」（「青丘学叢」第二五号所収）は、従来の地名を主とした研究に新展開をもたらしたものといえます。

さらに、鮎貝房之進の『日本書紀朝鮮地名考』（国書刊行会）は、これまで『三国史記』『三国遺事』などの朝鮮史料によって進められてきた地名研究を、朝鮮語を修得したうえで、現代にいたる朝鮮の文献、地図に至るまでを渉猟《しょうりょう》、これまで比定不可能とされていた地名の解明を行った画期的な研究として、特筆するに値します。本書に集録された『日本書紀』神代から天智天皇紀にいたる朝鮮の地名は、実に一四〇余にわたっています。筆者も、同書から多くの教示をうけました。

池内宏著『日本上代史の一研究——日鮮の交渉と日本書紀』（中央公論美術出版）は、著者が東京帝国大学において行った「日鮮交渉史」と題する講義の草稿をもとに増訂を加えて刊行したものです。本書に関しては、筆者がたまたま任那史執筆の構想を、畏友植村鞆《とも》音《ね》元テレビ東京常務に話したところ、ご尊父の植村清二新潟大学名誉教授が、その講義をうけた講義ノートを所蔵しておられ、それを拝読する機会に恵まれたのも、何かの縁ではないでしょうか。

十二章からなる本書の、

第十一章　加羅に於ける我が官家の喪失と加羅の没落

第十二章　安羅に於ける我が官家の没落

は、『日本書紀』『三国史記』ほかによる緻密な文献の分析と厳正な批判によって、説き起こした任那史研究です。

最後に、本書執筆にあたって多大な教示を受けたのが、本編の冒頭に挙げた末松保和の「任那興亡史」です。同書は、著者が紹介しているように、岩波講座『日本歴史』の一編として執筆されたもので、任那の歴史を政治・外交・文化の面から総合的に網羅した戦前・戦後を通して第一級の任那史研究書です。

通史ではありませんが、朝鮮総督府の古蹟調査委員会によって行われた、任那の現地（加羅諸国の）遺蹟・遺物の考古学的調査の報告書『大正六年度古蹟調査報告』（朝鮮考古資料集成15、出版科学総合研究所）は、これまた戦前・戦後の任那史研究には欠かせません。うれしいことに、同書は現在、国立国会図書館でデジタル化されていて、自宅のパソコンからも閲覧できます。

戦後の研究については、考古学の発掘成果ならびに細部にわたる研究報告は数多くありますが、任那史全体を通観したものは、日本の学者ではない、金《キム》廷鶴《ジョンハク》著『日本の歴史　別巻1「任那と日本」』(小学館)があります。しかし、戦前の研究書の域を越えたものとはいいがたい内容です。著者が本書を世に問うたのも、そのような日本の古代史学界に対する不満と危惧の念からの、しからしめるところなのです。

おわりに

人名、地名、そして史料もバラバラなものから引用、大変読みにくかったのではないかと思いますが、やっと纏《まと》めることができました。

任那の諸国は東洋史に顔を出し、約三五〇年その意志に反し、近隣の二カ国と倭国に翻弄され続け、五三二年に滅亡しました。その発達した文化の痕跡は地中に、政治・外交・軍事の記録は『日本書紀』と日本の研究者の著作に永遠に残ることでしょう。今は百済も新羅も滅亡、大陸の隋・唐も夢となりましたが、ひとり我国のみ善し悪しは別に、絶えることない歴史のつながりのなかに生き続けているのは、世界でも稀有な例であり、誇らしいことでもあります。

筆者は、日本古代史の核である『日本書紀』に天文学とまでは無理ですが、「暦」に光を当て、『日本書紀』の生い立ちを浮かび上がらせようと思っています。

㈠第二〇代安康天皇（四五四年即位）より元嘉暦《げんかれき》を使用して編纂された天皇紀第四〇代持統天皇（六九七年退位）まで。……この間の紀年については問題はなく、即座に西暦化が可能です。

㈡第一九代允恭天皇より第一五代応神天皇まで。この時代の『日本書紀』には紀年の記載はなく、一二〇年の年代の延長が図られています。但し、『三国史記』百済本紀と『日本書紀』の紀年の一致の可能性とともに、いわゆる「倭の五王」の朝貢から天皇の名称、在位年数の推定が可能となっていること、そして、高句麗広開土王の石碑などの金石文からほぼこの時代全天皇の即位、崩御の年代の推定は可能です。

㈢神功皇后の在位期間……『日本書紀』では特別に執政と名づけ第九巻を神功皇后に割いています。『日本書紀』編纂者は神功皇后在位を『魏志倭人伝』及び『(西) 周書』の卑弥呼と台与の在位に合わせ二〇〇～二六九年と想定しています。いわゆる卑弥呼と台与の在位の期間を合計した六九年間ですが、応神天皇の母后ですので、実際の在位は三六二～三八九年と想定できます。

㈣神功皇后の夫である仲哀天皇とそれ以前の天皇一三名については紀年を当てはめることは不可能で、安本美典《びてん》説（一代一〇年）とともに、皇后皇妃の家系図・豪族のそれに考古学的成果を加えますと、神武天皇の即位は西暦二五〇年頃と推定できます。『日本書紀』の編纂者たちは何故このような無理を重ねてきたのでしょうか。それは一つに、儀鳳暦という当時最高であり至高の科学であった総法一三四〇のしからしめるところなのです。天文、占星学者であった天武天皇が最新の儀鳳暦《ぎほうれき》で大和朝廷、日本の国のはじまりを飛鳥浄御原令の発布、『日本書紀』編纂の詔、そして最愛の草壁皇子の立太子礼が重なった天武一〇年を起点にして、一三四〇年前の紀元前六五九年二月一一日を初代神武天皇の即位としたのです。それにしても天皇の数を増やせば矛盾は解消されるはずですが、天皇も編纂者もこうした工作は一切していません。それが我々に残した彼らの誠意であり、よく考えてくれとのメッセージではないかと、筆者は思っています。

このように、『日本書紀』に残された問題はまだまだあります。筆者の想定では、神武天皇の即位は二五〇年、これに日向三代、天忍穂耳尊、天照大神の五代五〇年を架上しますと、天照大神の即位は西暦二〇〇年という『魏志倭人伝』の卑弥呼と重なってきます。

以上『日本書紀』への思い入れ、興味は尽きませんが、日本の学界、学者も、日本と天皇制をおとしめ、若い人たちに古代史の真の姿を伝えない悪い風潮を、一日も早く改めるよう望んでやみません。

最後に、資料の収集、取材旅行など諸々を手伝ってもらった西村みゆき氏、ならびに本書の出版を担当してくれた、ＰＨＰ研究所の横田紀彦氏に心からお礼を申し上げます。そして筆者を一年余にわたって叱咤激励してくれた、齊田晴一、小倉純二、石橋雄三の三兄に上梓の報告ができるのをうれしく思っています。

平成二五年八月酷暑の夏

大平　裕

【参考文献】

山田宗睦訳『原本現代訳　日本書紀　上中下』ニュートンプレス
金富軾撰・井上秀雄訳注『三国史記1　新羅本紀』東洋文庫372　平凡社
金富軾撰・井上秀雄訳注『三国史記2　高句麗本紀・百済本紀』東洋文庫425　平凡社
金富軾撰・井上秀雄訳注『三国史記3　雑志』東洋文庫454　平凡社
井上秀雄他訳注『東アジア民族史1　正史東夷伝』東洋文庫264　平凡社
班固著・小竹武夫訳『漢書8　列伝V』ちくま学芸文庫　筑摩書房
末松保和著『古代の日本と朝鮮　末松保和朝鮮史著作集4』吉川弘文館
鮎貝房之進著『日本書紀朝鮮地名考』国書刊行会
津田左右吉著『津田左右吉全集第十一巻』岩波書店
北郷泰道・二宮満夫・朴天秀・李暎澈・池珉周・河承哲著『海を渡った日本文化　古代の韓半島と日本列島』鉱脈社
森浩一監修・東潮・田中俊明編著『韓国の古代遺跡　1新羅篇（慶州）』中央

公論社
森浩一監修・東潮・田中俊明編著『韓国の古代遺跡　2百済・伽耶篇』中央公論社
森浩一監修・東潮・田中俊明編著『高句麗の歴史と遺跡』中央公論社
角林文雄著『任那滅亡と古代日本』学生社
尹錫暁著・兼川晋訳『新装　伽耶国と倭地』新泉社
田中俊明著『大加耶連盟の興亡と「任那」――加耶琴だけが残った』吉川弘文館
正木晃著『宗像大社・古代祭祀の原風景』日本放送出版協会
弓場紀知著『古代祭祀とシルクロードの終着地・沖ノ島』新泉社
山尾幸久著『古代の日朝関係』塙書房
岡内三眞編集『韓国の前方後円形墳――早稲田大学韓国考古学学術調査研修報告』雄山閣出版
徐建新著『好太王碑拓本の研究』東京堂出版
白崎昭一郎著『広開土王碑文の研究』吉川弘文館

司馬遼太郎著『街道をゆく2（新装版）韓のくに紀行』朝日文庫、朝日新聞出版
朝鮮総督府編集『大正六年度古蹟調査報告　朝鮮考古資料集成15』出版科学総合研究所
笹山晴生ほか著『山川日本史総合図録（増補版）』山川出版社
大平裕著『日本古代史正解　渡海編』講談社
石井進、五味文彦、笹山晴生、高埜利彦著『詳説日本史B』山川出版社
大津透、久留島典子、藤田覚、伊藤之雄著『新日本史B』山川出版社
古代学研究所編集「東アジアの古代文化」109号　大和書房
「宗像・沖ノ島と関連遺産群」世界遺産推進会議編集「宗像・沖ノ島と関連遺産群調査研究報告I」
大韓民国行政自治部自治制度課監修『大韓民国地名便覧』2001年版

注：●＝任那関連事項
○＝倭国・百済・新羅・その他関連事項

西暦	天皇	任那小史年表
220～265年		●弁辰一二カ国、狗邪（伽耶・加羅）、安邪（安羅）、瀆盧（巨済）など倭国に近い国々を含め盛える。韓、濊、倭競って鉄を採る（『三国志』魏書弁辰伝（以下『三国志弁辰伝』）、任那の前身となる半島南部を記録す）。 ●後の世の『駕洛國記』（一三二一年編纂の『三国遺事』に掲載）に金官加羅の始祖王（首露王、卵生で六伽耶の兄として出生、在位四二～一九九という）。 ●この他伽耶には、伽耶山神と天神を父母とした大伽耶（高霊）国王の系図が、後世の『輿地勝覧』に見られる。一六代を数えるらしいが三名しか名を残していない。
三一五	崇神65年	●任那国、蘇那曷叱知を遣わし朝貢。垂仁二年に帰国。
三六二	神功元年	○新羅征討……海路新羅に上陸、王都を攻略、新羅王降伏す。⇧三六四年、倭兵大挙して侵入（新羅本紀※） ※『三国史記』新羅本紀・高句麗本紀・百済本紀（以下、新羅本紀・高句麗本紀・百済本紀）
三六六	神功46年	○斯摩宿禰、卓淳国（大邱）に遣わされ、卓淳国王（末錦旱岐）の仲介で倭国と百済の関係始まる。
三六九	神功49年	○荒田別将軍はじめ精鋭を卓淳に集合させ、新羅を攻略。 ○（倭軍）比自炑、南加羅、㖨国、安羅、多羅、卓淳、加羅の七カ国を平定。比利、辟中、布弥支、半古の四カ邑も降伏。 ○倭国と百済、辟支山で盟約。
三七〇	神功50年	○百済朝貢。皇太后、多沙津を与う。
三七一	神功51年	○千熊長彦に（百済の）久氏をつけ百済へ派遣。
三七二	神功52年	○百済王より七枝刀（谷那の鉄を用う）、七子鏡を献上。
369～389		○三六九、三七一、三七五、三七六、三七七、三八六、三八九、高句麗・百済間の戦闘続く。
三九一	応神2年	○倭、海を渡り百済・新羅を臣民となす（広開土王碑）。 ○高句麗より倭へ上表文。宇治稚郎子太子これを無礼として破る（高句麗よりの撤収要求か?）。
三九二	応神3年	○百済の辰斯王立ち、倭国とトラブル。倭より四人の宿禰を派遣し叱責、これがもとで辰斯王殺され、紀角宿禰、阿花王を立て建国。
三九七	仁徳元年	○百済の阿花王立ったが倭国にまた無礼あり。済州島、峴南、支侵、谷那、東韓の地を奪った。
三九九	仁徳3年	○百済は高句麗との誓いに背き倭と和通、王は平壌まで南下したが、その時、新羅より遣使あり、倭人その国境に満ち、城地を破壊し、人民を奴客にしていると（広開土王碑）。

四〇〇	仁徳4年	○高句麗王、五万の兵を発し新羅救援。新羅城からさらに倭賊を追い任那加羅の従抜城に至った。城は間もなく陥落せしも、安羅人戎兵、二城を回復したが、倭軍の勢いなくなり、安羅人戎兵も離反（広開土王碑）。
四〇四	仁徳8年	○倭無法にも帯方界に侵入。王自ら出兵し倭族潰敗（広開土王碑）。
四〇五	仁徳9年	○百済阿花王薨去。倭国へ人質として出されていた腆支王帰国即位。
四〇七	仁徳11年	○高句麗王、五万の兵を南下させ敵と合戦、全滅させ、数えきれない戦利品を獲得（広開土王碑）。
四〇八	仁徳12年	○七月、高句麗使大和へ。鉄の盾と鉄の的を貢上。高句麗の客を朝廷で饗応（高句麗からの講和使か）。
四一三	仁徳17年	○倭王讃（仁徳天皇）、東晋へ遣使、朝貢。
四二〇	仁徳24年	○百済腆支王薨去。久尓辛王（四二〇～四二七）即位。
四二一	仁徳25年	○倭王讃、南宋に遣使、官職を賜うべしと。
420～427		●百済王が幼少のため王母を籠絡した木満致（父・木羅斤資は任那の百済系軍将）は、百済と任那を往来し、任那を専らとした。
四二五	仁徳29年	○倭王讃、司馬曹達を南宋に遣わし上表、方物を献ず。
四二七	履中元年	○仁徳天皇薨ず。 ○百済、久尓辛王薨去。毗有王（四二七～四五五）即位。
四三〇	履中3年	○倭国王遣使献方物。
四三八	允恭元年	○讃死して弟の珍（反正天皇）立つ。自ら、使持節・都督倭 百済 新羅 任那 秦韓 慕韓六国諸軍事・安東大将軍・倭国王と称す。詔して安東将軍・倭国王に除す。
四四三	允恭6年	○倭王済（允恭天皇）、遣使、貢献。復た以って、安東将軍・倭国王と為す。
四五四	安康元年	○安康天皇即位、在位（四五四～四五六）三年で崩御。よって、南宋の伝える倭王武（四七八年崩）とは合わない。
四五七	雄略元年	○雄略天皇（四五七～四七八）即位。
四六〇	雄略4年	○倭国、遣使方物を献ず。倭王済死して世子興（雄略天皇）遣使、貢献。
四六一	雄略5年	○島君（後の武寧王）、筑紫の加唐島で誕生、本国へ戻る。
四六二	雄略6年	○世祖詔して安東将軍・倭国王にすべしと。
四六四	雄略8年	○高句麗の広開土王の新羅救援以来、約五〇年間、同国の半占領下にあった新羅は、高句麗の占領強化策を察知、軍民で備えを固めるとともに任那日本府の軍将らに救援を願い出てきた。よって、任那王は膳臣斑鳩、吉備臣小梨、難波吉士赤目子をすすめて新羅救援に行かせた。高句麗軍は筑足流城（大邱）に集結、宿営していた模

		様で、一〇日間の攻防で撤退。大将軍紀小弓宿禰は病を得て薨じた。
四七五 四七六	雄略19年 雄略20年	○高句麗の大軍が来襲し、漢城を攻めること七日七夜、漢城は陥落してついに慰礼（居城）を失い、国王および大后・王子らは、みな敵の手で死んだ。翌二一年、天皇は熊津（公州）を汶洲王（文周王）に賜り、その国を救い興した。
四七七	雄略21年	○雄略天皇薨ず。
四七八	清寧元年	○倭王興死す。弟の武（清寧天皇）立つ。自ら使持節・都督倭 百済 新羅 任那 加羅 秦韓 慕韓七国諸軍事・安東大将軍・倭国王と称す。併せて上表。詔して倭王武を使持節・都督倭 新羅 任那 加羅 秦韓 慕韓六国諸軍事・安東大将軍・倭王に除す。
四七九	清寧2年	○倭王武鎮東大将軍と為す。 ●加羅国王荷知、南斉へ朝貢、高帝より輔国将軍・本国王の号を受ける。 ○百済三斤王薨じ、人質で在大和の東城王が帰国し即位（四七九〜五〇一）。
四八七	顕宗3年	○阿閉臣事代、命を受け、任那に使した。 ●任那と百済紛争……この年、紀生磐宿禰が任那を掌握、任那の左魯那奇他甲背らの計を用い、高句麗とも接触し百済の適莫爾解を爾林（高句麗の地）で殺害。帯山城（全羅北道井邑郡泰仁）を築き、東道（日本道）をふさぎ、百済から任那への介入を防いだ。従来、紀生磐宿禰が三韓の王たらんとする単なる野望という説がまかり通っていたが、本人自体、軍事的には大きな活躍をし、力が尽きた後は任那より（本国に）戻っており、百済がやりたい放題なのに対し、個人的に一矢を報いたと考えられる。
四九〇 〜 四九五		●百済、南斉への朝貢の際に、地名を冠する王侯号を臣下五名（例えば光州侯、済南侯、全州侯など）へ、四九五年には三名（金堤侯など）に除せられることを請い求めている。これらはいずれも慕韓・任那の地である。これは倭国本国の政情不安、任那の衰勢に（百済が）乗じたもので、南斉朝のお墨付きを得て全羅北・南道への南下の正当化を企てている。
五〇一		○百済の東城王、失政により除かれ武寧王（五〇一〜五二三）即位。
五〇二	武烈4年	○倭国武（武烈天皇）進号征東大将軍。
五〇三		○百済武寧王、当時忍坂宮にいた孚弟王（後の継体天皇）へ親交の意をこめて人物画像鏡を贈呈。銘文に「癸未（五〇三）の年、日十《オシ》大王（顕宗天皇）の年」とある。
五〇八	継体2年	●百済、耽羅（済州島）征服。
五〇九	継体3年	●任那へ亡命、逃亡した百済の流人を三〜四世さかのぼっての百済へ返還。これは任那の更なる衰勢を示すとと

年代	西暦	和暦	事項
475～550	五一二	継体6年	もに、百済の力をたのんでの要求が目立つ。 ●穂積臣押山、哆唎国守として新任され赴任。一方、百済より遣使、朝貢、別に上表して任那国の上哆唎、下哆唎、娑陀、牟婁の四県（全羅南道のほとんど全域）を請うた。国司の副書と大伴大連金村の断により譲渡を承諾。
	五一三	継体7年	●百済、※別に奏して己汶の地を求めた。冬一一月、朝廷は百済の将軍、新羅の汶得至、安羅の辛已奚及び賁巴委佐、伴跛の既殿奚及び竹汶至らの前で己汶・帯沙を百済へ賜った。一方、この月、伴跛国が戢支を遣わし、重宝を献じ己汶の地を乞うたが認められず。 ※穂積臣を送りがてら、五経博士の段楊爾を貢ず。
	五一四	継体8年	●全羅南道の四県に加え己汶・帯沙が百済領として認められたことに対し、伴跛国を中心とする加羅諸国は倭国に反抗的となり、子呑・帯沙に城を築き、満奚に連ねて倭国に備え、また、爾列比・麻須比に城を築いて麻且奚・推封にわたし、士卒兵器を集めて新羅を討った。 ●全羅南道、栄山江沿いの前方後円墳（次頁図）。五世紀第4四半期から六世紀第2四半期前半にかけて栄山江流域に倭国の前方後円墳が築造され、現在一四基が原形を止めている。偶々この時期は、百済の熊津期（四七五～五三八）に相当しており、埋葬された倭人の帰属先が研究の対象となっている。

任那の縮小（1）

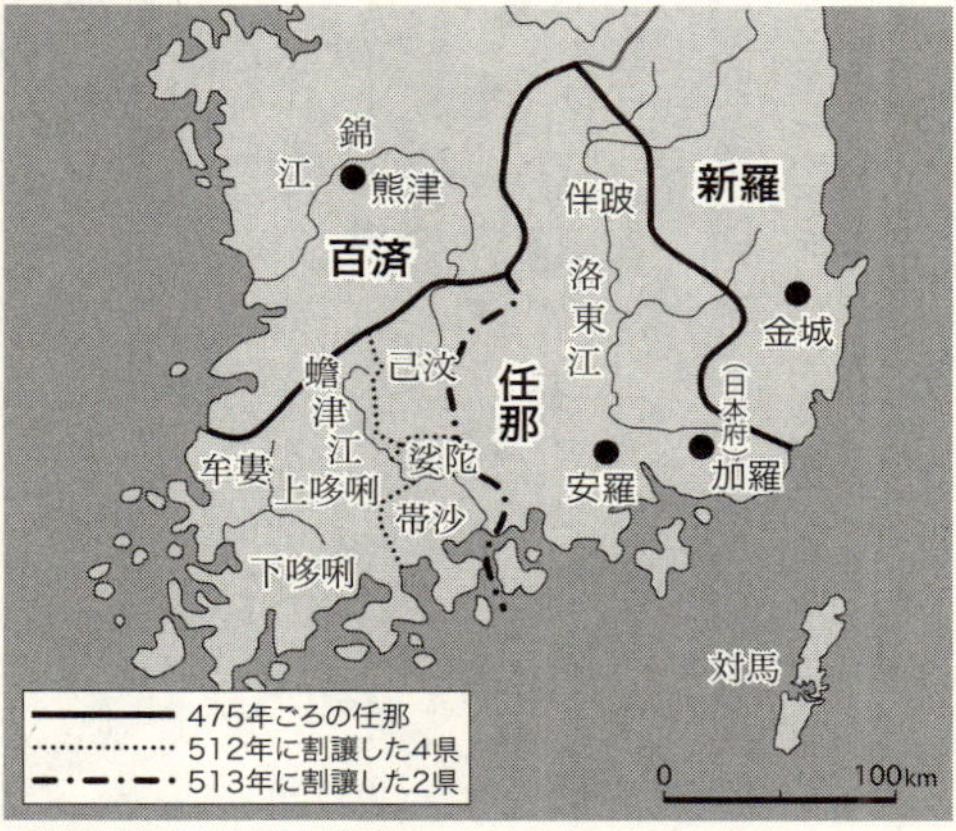

山田宗睦訳『原本現代訳 日本書紀』ニュートンプレスより

五一五	継体9年	●己汶などを賜った百済使節に物部父根連が同行し帰国。途中、伴跛が軍を起こし、物部らは汶慕羅（島）に避難した。
五一六	継体10年	●百済が物部連以下を己汶に迎えねぎらった。九月、百済は将軍を遣わし物部連とともに来朝、己汶の地を賜ったことに感謝。別に、五経博士の漢の高安茂を貢して、博士の段楊爾と交代することを請う。 ●百済より倭国への五経博士（医、易、暦…）貢上制の開始。博士は帰化ではなく、百済よりの貢上で、しかも交代制ということに注意。五一三年の初代段楊爾以降、後世まで規模が拡大され継続する。当初の領土割譲の見返り的派遣から、百済の有力な武器として文化輸出、文化人の供給が力となってゆく（欽明天皇一二、一三年条に関連記事）。
五二二	継体16年	●加羅諸国の（倭国ばなれ強まり）新羅への傾斜強まる。その一として、加耶国王による新羅への通婚申し入れがあり、新羅王が重臣第一の妹を送り婚儀が成立。この加羅は大加耶国とすべきか。
五二四	継体18年	●新羅の法興王（五一四〜五四〇）、「南境を巡りて地を拓く、時に加耶王来たりて会す」（新羅本紀）と。新羅の西南方進出（任那攻略）の第一歩で、南加羅・喙己呑がターゲットとなる。
五二七	継体21年	●倭国は近江毛野臣の兵六万を率い任那に遣わし、新羅に破られた南加羅・喙己呑の回復を図ったが、磐井の乱にあい征討を中止。
五二九	継体23年	●朝廷は改めて毛野臣を安羅に遣わし、新羅に勅して、南加羅・喙己呑を後退せしめた。毛野臣は新羅・百済の任那侵略の停止を誓約せしめるべく両国使節に詔勅を聞かせたが、実力をつけつつある新羅を動かすことはできなかった。一方百済使人の恨みも買い不調に終わった。

前方後円墳位置図

北郷泰道ほか著『海を渡った日本文化』（鉱脈社）より

		安羅国はこの会議のため、(咸安市)中心部の高台に高殿を造り勅使を迎えた。国主は勅使に続いて階を昇ったと記録されている。 ●安羅での会議中、任那は国王己能末多干岐を倭国に送り新羅越境の事実をのべ救援を要請。これを受け毛野臣は再度百済・新羅両国王を召集したが両国王もとより来ず、逆に新羅の大臣に四村を奪われるなど権威は失墜。 ●毛野臣の失政続く。
五三一	継体25年	●安羅の乞乇城に百済兵集結。
五三二	継体26年?	○金官国主金仇亥は、妃及び三子と、国帑宝物を以って新羅に降った。新羅は最高位の位を授け、その本国をもって食邑とすることを許可。
五三四	安閑元年	●百済朝貢。あわせて新羅征討を求め、任那復興の計画など上表した模様。
五三六	宣化元年	○倭国は全国六カ国の屯倉《みやけ》の米穀を博多に集め、郡の官家をつくり、任那情勢に備えた。
五三七	宣化2年	●現地任那における応急策として大伴大連金村に詔あり、その子磐と狭手彦を遣わし新羅を討たしめた。
五三八	宣化3年	○百済、扶餘へ遷都。
五四一	欽明2年	○百済、新羅に対し和睦を申し入れる。 ○第一次任那復興会議、百済で開催される。天皇の詔を受け聖明王が司会。参加国は安羅、加羅、卒麻、散半奚、多羅、斯二岐、子他及び日本府の吉備臣。百済は新羅とは和睦、一方、任那には触手をのばしつつあり、質の悪い仲介者を選んだもの。 ●この間、卓淳国(君臣離反、二心あり新羅に内応するもの出るに至りて滅亡)、喙己呑(加羅と新羅の境にあって、連年新羅のために攻め取られ、他の任那諸国がよく救わなかったので滅亡)の三カ国が姿を消している。
五四二	欽明3年	●百済は復興会議で、㊀任那諸国の無気力を批判するとともに、㊁日本府の宰(河内直以下)の新羅との通謀を非難したが、百済自身はすでに一〇年来任那各地に郡令・城主を設置(名目上は新羅の侵略から任那を守るためとしながら)しており、実質新羅に先んずる百済の任那侵略に他ならない。 ●百済は紀臣奈率⑥(一六位階の第六、以下位階は数字のみ示す)彌麻沙、中部《ちゅうほう》の奈率己連を倭国に派遣、下韓、任那の政(情)を奉し、あわせて上表。上表は百済の郡令・城主の設置の承認、任那の主要使臣(親新羅)の倭国への召還を請求したものと思われる。
五四三	欽明4年	●百済使臣の帰国後、朝廷は津守連を派遣、㊀「任那の下韓にある百済の郡令・城主は、よろしく日本府に附くべし」と。㊁なお、詔書をもって「百済、しばしば表をたてまつり、まさに任那を建てんということ、すでに

十余年になる。表奏とはかく云いながらなおいまだこれを成さぬ」と非難。あわせて、㊂任那の使臣は、任那自体が復興すれば自然に退却するだろうと、問題とするに足りずと回答、いずれも百済の云い分を否定。

五四四　欽明5年

●朝廷の意向に驚いた百済は、これより再三にわたって任那復興に的を絞っての会議を日本府及び諸国の旱岐らに呼びかけることになる。しかしながら日本府の執事たちは言を左右にしてこれに応ぜず、旱岐たちも日本府の宰臣たちの圧力を受けて実現せず。百済は、このサボタージュに対し、施徳（重臣）三名を任那に派遣し、日本府と任那の旱岐らに、即に百済は奈率三名を倭国に派遣し朝見してきたことを伝えて、㊀新羅にだまされている日本府の人々に警告を発するとともに、㊁朝廷に兵士の派遣を求めるが、㊂その兵士の糧は百済が負担すると言明し、請うべき兵士の数の決定、また補給の場所の決定のために、一堂に会して可・不可を議したいと断ることのできない提案をし、第二回の集会にこぎつけることになる。

●第二次任那復興会議、一一月百済の聖明王の命で開催。日本府吉備臣、安羅、加羅、卒麻、斯二岐、散半奚、多羅、子他、久嗟の諸国が百済に赴いた。聖明王は㊀洛東江沿いの六城の修築とこれらを守る天皇の兵、三千を請うこと㊁南韓の郡令・城主は対新羅、高句麗への備えであり他意はないこと㊂任那復興には（日本府の）四人が障害となっており除くことを提案し、各臣・各国、本国に持ち帰った。

任那の縮小（2）

山田宗睦訳『原本現代訳 日本書紀』ニュートンプレスより

五四五	欽明6年	●百済の使人三名来朝、上表。同じく使人を、任那に遣わし、日本府の使人、任那の旱岐らに呉の財物を贈った。○高句麗で王家に内乱あり、安原王薨じ、長子の陽原王（五四五～五五九）即位。
五四六	欽明7年	○百済、中部の杆率⑤掠葉礼らを派遣、調を献ず。
五四七	欽明8年	●四月、前部の徳率④真慕宣文らを遣わし援軍乞う。
五四八	欽明9年	●事態一変、高句麗南下し、百済の独山城（忠清南道礼山）を攻撃。独山の地は百済の扶餘（五三八年より王都）の僅か一四、五里の北方にあり、百済は新羅に救援を求め、ようやく新羅軍の来着で撃退に成功。この間、四月、百済、中部の杆率⑤掠葉礼らを遣わし再度援軍を要請、これにこたえ六月倭国は、百済に遣使、情勢を把握すると共に一〇月には三七〇人を百済に派遣し、得爾辛（忠清南道論山郡恩津）に城を助け築いた。恩津の地は百済の都城（扶餘）の東南わずかに三里の地であり、倭国にとっては問題は単なる任那のみの防衛にとどまらず、百済を高句麗の南侵から守る問題に発展させてしまった。 ●この間、百済は（三四七～）今次の高句麗からの南侵は日本府（具体的に移那斯と麻都を名指し）と安羅が高句麗を誘引し百済を攻めさせたとの疑い（高句麗捕虜の話）を持ちつづけ朝廷を悩ませ続けた。
五四九	欽明10年	●六月、来朝中の百済使臣帰国に際し、「㊀日本府使臣二名が高句麗とこっそり通じたということは、その虚実を問う使を遣す、㊁百済への救援軍の派遣は願の通り停止する」と詔した。
五五〇	欽明11年	●百済からの重なる遣使の言に信を置けなかったのか、朝廷は二月、使者（阿比多）を遣わし詔して、㊀百済王の重臣である奈率馬武を大使として倭国に派遣してもらいたい、㊁高句麗東侵を防備することへの、はげましの印として矢三〇具を賜うた。 これに対し百済の聖明王は、㊀日本府の使臣については、ただ勅に従うのみ、㊁高句麗の捕虜計七名を献ず、とし束の間の平静な対応を示した。
五五一	欽明12年	●百済の一時的北進と国力の衰退。この年の正月、百済は高句麗の道薩城を、三月、高句麗は百済の金峴城を互いに攻撃した。地域は南漢江の中流域と推定される。これより百済・新羅は連合の形で北進を続け、百済は四七五年陥落以来の漢城を含む京畿道の南部を回復、新羅は京畿道の東部及び江原道の西部一帯を占領することとなった（新羅・高句麗・百済本紀は五五〇年の記載）。
五五二	欽明13年	●百済は回復した地域を維持するだけの力に欠け、早くも南平壌・漢城（漢江をはさみ南北ソウル）を放棄、代わって新羅が入城した。その年五月、百済より新羅、高句麗の脅威のため救援乞うとの請い求めあり。
五五三	欽明14年	●百済と新羅との連合による北進。高句麗攻略は、結果的に新羅のために一時利用される結果に終わった。そして、これに巻き込まれたのが、倭国と任那諸国。百済は再び退いて南に下り、新羅に対する報復をまず図った。

		●新羅は漢城（南漢山）に新州という一州を新設し、統治の中心とした。 ●この間、百済から救援軍派遣の要求は 五五三……正月、上部の徳率らを遣わして、軍兵を乞う。 八月、新羅諸国が通謀して百済と任那を攻めようとしており、多くの弓馬を賜りますようにと願った。 五五四……正月、百済は重臣を派遣、倭国側の派遣の準備状況を聞く。一方朝廷側の関心は五経博士の交代時期にあたり諸博士の交代を求め（五五三）、百済側もこれに誠実に応え五五四年には易、暦、医の三博士と採薬師、楽人を貢じていることは評価する。
五五四	欽明15年	●朝廷の軍は半年遅れて六月、恐らく海路錦江に入り、百済の都城に達した。百済はこれに大いに歓び、力を得て、一二月九日を期して新羅攻撃を開始。 ●緒戦の函山城攻めは倭国勢の助力で勝利したものの、百済の王子余昌は敵地に入りすぎ（慶尚北道西北部）砦を築き孤立。これを助けに聖明王自ら敵地へ。ここに新羅は全勢力を投入し百済・加羅軍敗退、王は敵手に殺害されるという最悪の結果となった。
五五五	欽明16年	●二月、百済の王子余昌は弟の恵を遣わし、聖明王戦死を告ぐ。翌年正月、朝廷は兵一千をつけ慶尚南道南海島まで送り届けた。
五五六	欽明17年	●新羅、比斯伐（昌寧）に完山（下）州を設け軍団を常駐させた。下州に対する上州は尚州で、五二五年頃（新羅に）編入されたと見られるが、五五七年同地に甘文州（開寧）が置かれた。 （欽明一八・一九・二〇年と丸三年間全ての記録を欠いており、この間新羅の任那侵攻が最終的に進んだものと思われる。新羅本紀、百済本紀も同様目立った記述はない）
五六〇	欽明21年	○新羅、遣使し調賦を献った。
五六一	欽明22年	●新羅、この年二回遣使、調賦を献上。この間、饗応上のトラブルあり。新羅は城を安羅の波斯山に築いて倭国に備えたという。
五六二	欽明23年	●任那滅亡。『日本書紀』は「春正月、新羅は任那の官家を攻め滅ぼした」（一本はいう。二一年に、任那が滅んだ。総（体）を任那といい、別べつに加羅国、安羅国、斯二岐《しにき》国、多羅国、卒麻《そちま》国、古嵯《こさ》国、子他《した》国、散半下《さんはんげ》国、乞飡《こちさん》国、稔礼《にむれ》国という。合せて一〇国）と記録している。ここで初めて見えるのが乞飡国、稔礼国である。この二カ国の所在地については別途触れるが、これら一〇国は任那諸国の単なる寄せ集めではなく、大略、五三二年以降もなお残存していた諸国である。これら一〇国は函山城の戦いで新羅に口実を与えてしまい、逐次

		戦争らしい戦争もなく新羅に併合されてしまった国々であり、元々新羅に帰属したいという心持ちのあった国々でもある。 ●大和朝廷の新羅懲罪の派兵。七月、朝廷は紀男麻呂宿禰を大将軍として、河辺臣瓊缶を副将軍として任那の地に入らせた。大将軍は哆唎方面（全羅北道北部）より、余昌が取った函山から秋風嶺越しに慶尚北道の西部へ。副将軍は南原東北より咸陽へ向かうとしたものか、北路長水より安羅に出ようとしたものに相違ない。しかしながら大将軍は新羅の計略にうまくのせられ敗退、副将軍のみ一人進んで新羅の猛攻を受け捕虜となるなど、新羅への懲罰の戦役はあえなく終了となった。 ●「任那の調」の始まり。『日本書紀』には欽明二三（五六二）年より三〇（五七〇）年まで新羅及び任那の記事を欠いているが、同様に新羅・高句麗・百済本紀も陳・斉・周への朝貢の記事（新羅は皇龍寺造営がこれに加わる）に限られており、滅亡後の任那については資料が少ない。新羅関連記録が再出するのは五七一年からである。
五七一	欽明32年	●三月、朝廷は新羅に坂田耳子郎君を遣わし、任那の滅んだ由を問わしめた。任那侵略の代償として「任那の調」を要求したのか？ ○欽明天皇崩御。八月、新羅弔使を遣わし、殯に哀を奉った。
五七四	敏達3年	○一一月、新羅、遣使し調を進《たてまつ》った。
五七五	敏達4年	●三月、百済が遣使して調を進った。天皇は、新羅がまだ任那を建てないので、皇子と大臣に詔して「任那のことをおこたるな」といった。 ●四月、新羅に吉士金子を、任那に吉士木蓮子を、百済に吉子訳語彦を遣わせた。 ●六月、新羅使を遣わし、調を進った。常の例より多く集まっていた。併せて多多羅・須奈羅・和陀・発鬼の四邑の調を進った。
五七七	敏達6年	○大別王と小黒吉士を遣わして百済に宰とした。一一月、百済王は大別王の還るに際し経論若干巻、律師、禅師、比丘尼、呪禁師、造仏工、造寺工六人を献じた。
五七九	敏達8年	○新羅、遣使し調を進め、合わせて仏像を送った。
五八〇	敏達9年	○新羅、調を進ったが、納めずして帰国。
五八二	敏達11年	○新羅、調を進ったが、納めずして帰国。
五八三	敏達12年	●天皇、先王の遺言に従い任那を復興したいと願い、在百済の有力者肥の国出身の国造阿利斯登の子で達率②日羅と話したい旨、使者を派遣し呼び出した。しかし、時期を待つべしとの日羅の言は容れられず日羅は暗殺の目

		に遣うことになってしまった。
五八四	敏達13年	○新羅に難波吉士木蓮子を遣使、任那にも赴く。
五八五	敏達14年	○三月、天皇、任那を建てんがため坂田耳子王を使となしたが、この時、天皇と物部弓削守屋大連がにわかに瘡を患い、使いは不調となった。
五九一	崇峻4年	○倭国による威力交渉使の派遣。一一月、紀男麻呂宿禰などを大将軍として二万余の軍勢で筑紫に進出。吉士磐金を新羅に、吉士木蓮子を任那に遣わせ、任那の事を問わしめた。
五九七	推古5年	○百済王、王子阿佐を遣わし朝貢。 ○一一月、新羅に吉士磐金を遣わした。
五九八	推古6年	○新羅が孔雀一羽を貢上。
五九九	推古7年	○百済が驢馬、駱駝、羊、白雉一羽を貢上した。
六〇〇	推古8年	●二月、境部臣を大将軍に、穂積臣を副将軍とし海路新羅に上陸。新羅王は（任那の）六城を割き降伏を乞う。以降の二国の朝貢を約束させ、将軍を召還。しかしながら新羅はすぐ任那を侵した。
六〇一	推古9年	○三月、大伴連囓を高句麗に、坂本臣糠手を百済に遣わし、詔して、「急いで任那を救え」と命じた。 ○一一月、新羅を攻めることを議した。
六〇二	推古10年	○二月、来目皇子を征新羅大将軍として軍兵二万五千人を授けたが、六月、皇子病臥して征討を果せず。 ○一〇月、百済僧観勒来朝。暦・天文地理・遁甲方術・医術・占卜の書を貢上。
六〇三	推古11年	○当麻皇子が新たに征新羅大将軍に任命されたが、妻の舎人姫王が薨じたためひき返し、新羅征討は頓挫。
六〇七	推古15年	○七月、小野臣妹子を唐（六一八～九〇七）に遣わす。
六〇八	推古16年	○四月、小野臣妹子帰国。唐より裴世清一行同行。
六一〇	推古18年	●七月、新羅の使人沙喙部の奈末⑪竹世士、任那の使人沙喙部の大舎⑫首智買が来朝饗応。
六一一	推古19年	●八月、新羅は沙喙部の奈末⑪北叱智、任那は習比部の大舎⑫親智周智を遣わし共に朝貢。
六一三	推古21年	○六月、唐へ犬上君、矢田部造を遣わす。二三年帰国。
六一五	推古23年	○百済使、犬上君に従って来朝。饗応。
六一六	推古24年	●新羅は七月、竹世士⑪を遣わし、仏像を貢上。
六二一	推古29年	●新羅は奈末⑪伊彌買を遣わし朝貢、書を上表。
六二三	推古31年	●七月、新羅は大使奈末智洗爾を遣わし、任那は達率《だそつ》②の奈末智を遣わし、相共に来朝した。そして仏像一具、金塔、舎利など一式を貢上した。

●この年、新羅が任那を伐ったため天皇は新羅征討を計画、まず吉士磐金を新羅に、吉士倉下を任那に派遣。任那の事情を問い合わせた。一方、彼等が帰国しないうちに境部臣、中臣連を大将軍として数万の兵で新羅を征伐。結果として調を任那とともに出すことで決着。
これら数次にわたる新羅征伐は、調、朝貢が毎年執り行われない場合の示威行動的なものであるが、㈠任那の地を回復すれば数日にして新羅に、㈡といって悪辣な百済に戻すわけにはゆかない、㈢手間ひまはかかるということで新羅・任那の調が毎年ちゃんと実行されるかに関心は移っていく。

六三〇	舒明2年	○唐へ遣使。高句麗、百済より大使・小使来貢。
六三一	舒明3年	○百済王子豊章入質。
六三二	舒明4年	○唐の高表仁来朝。
六三五	舒明7年	○百済、柔等を遣わし朝貢。
六三八	舒明10年	○この年、百済、新羅、任那朝貢。
六三九	舒明11年	○唐の学問僧、新羅の送使に従って入朝。
六四〇	舒明12年	○唐の学問僧、学生高向漢人玄理（黒麻呂）が新羅経由で帰国。 ○同時に百済・新羅の朝貢使がともに従って入朝。

○六二一、六二三……新羅、唐へ朝貢。
○六二三、六二四……百済、新羅へ大挙侵入。
○六二五、六二六……新羅、唐へ朝貢。
○六二六、六二七……百済、新羅へ侵攻。
○六二七……………新羅、唐へ二回朝貢。
○六二八……………椵岑城を巡り新羅・百済戦う。
○六二九……………新羅、清州で高句麗と戦う。
○六二九……………新羅、唐へ朝貢。
○六三一……………新羅にて重臣反乱。
○六三二……………新羅、唐へ朝貢。
○六三三……………新羅、唐へ朝貢。
○六三五……………新羅、唐から冊命。
○六三八……………高句麗と七重城で戦う。
○六四〇、六四一……新羅、唐へ使節を派遣。
○六四二……………百済王、大軍を新羅へ派遣、四十余城を攻む。
○六四二……………百済、高句麗と通謀し党項城を落とし、唐への道を断った。新羅、唐へ通報。
○六四二……………新羅、大耶城（陜川）で百済と大合戦。
○六四三……………新羅、唐へ二回朝貢。出兵を乞う。
○六四四……………新羅、唐へ朝貢。

六四五	大化元年	●七月、高句麗、百済、新羅がともに遣使朝貢。百済の調使は任那使を兼ねおさめて、「任那の調」を進った。ただ百済使に対しては、任那国を百済に属させたものの任那国の堺（境）に問題あり、よく国名と調とその見出しをつけるようにと返却しており、一時的にせよ、百済が洛東江以西の旧任那の地を回復していることがわかる。	○六四四……新羅、百済へ進攻、七城を奪取。 ○六四五……新羅、唐へ朝貢。百済侵入。 ○六四五……唐による高句麗討伐。新羅王三万の兵を率い参戦。百済侵入。 ○六四七……新羅女王への反乱、失敗するも善徳王薨去。使者を唐へ派遣。一〇月、百済軍新羅へ侵入、苦戦す。
六四六	大化2年	○二月、高句麗、百済、任那、新羅がともに遣使して貢献。 ○小徳②の高向博士黒麻呂を新羅に遣わし、（人）質を貢（進）させた。とうとう「任那の調」を廃した。	
六四七	大化3年	○正月、高句麗、新羅ともに遣使、貢献。 ○（冬）新羅が上臣大阿飡⑤金春秋（後の武烈王）らを遣わし、博士の小徳高向黒麻呂を送ってきて鸚鵡一羽を献上。そこで春秋を（人）質とした。春秋は姿や顔が美しく、よく談笑した。	
六四八	大化4年	○この年、新羅は遣使して調を貢した。	○新羅、唐へ二回朝貢。 ○金春秋、子の文王と共に唐へ朝貢。
六四九	大化5年	○博士の高向玄理及び釈僧の旻に詔して八省百官を置いた ○この年、新羅王は沙喙部の沙飡⑧金多遂を遣わして（人）質とした。従者は総勢三七名にのぼった。	○新羅、唐の衣冠を着る。 ○百済、大軍を率い七城を陥落さす。
六五〇	白雉1年	○新羅が遣使、朝貢。	○春秋の子はじめ使節を唐に。唐の年号永徽を採用。
六五一	白雉2年	○百済、新羅朝貢。この年唐服着用の新羅の使節⑧来朝、（かってに衣服の習俗をかえたのを憎み）追いかえす。	○波珍飡の金仁問を唐へ派遣。朝貢。
六五二	白雉3年		○新羅、唐へ朝貢。
六五三	白雉4年	○一二一人の遣唐使出発。	○新羅、唐へ朝貢。

六五四	白雉5年	○遣唐使出発。高向玄理唐で死去。	○新羅、武烈王（六五四～六六一）即位。唐と使者往復。
	白雉5年	○天皇崩。高句麗、百済、新羅、弔問使来朝。	○新羅、唐へ遣使。
六五五	斉明元年	○この年、高句麗、百済、新羅はいずれも遣使、調を貢ず。	○高句麗、百済、靺鞨と新羅の北方三三城を奪取。使者を唐に派遣し援軍を求めさす。 ○唐、営州都督を派遣し高句麗を攻撃さす。
六五六	斉明2年	○八月、高句麗が使を遣わし調を貢進す。一方、遣高句麗大使を任命。 この年、高句麗・百済、新羅がともに調を貢進した。	○新羅、文王を派遣、唐に朝貢。
六五七	斉明3年	○新羅に使を遣し、人員渡唐の便宜依頼、断られる。	
六五八	斉明4年	○沙門二名、新羅船で渡唐、長安へ向かった。	
六五九	斉明5年		○百済しきりに新羅国境を侵す。新羅、唐に出兵を依頼。
六六〇	斉明6年	○百済滅亡。九月、百済が達率②を遣わしこの旨報告。 ○一〇月、百済の鬼室福信が援軍を要請。あわせて王子の余豊璋を乞い、国主として迎えたいと願った。天皇はこれを了とし、礼をもって発遣した。	○三月、唐、蘇定方を大将に水陸一三万の兵で百済を討伐させた。新羅王に勅命を下し唐軍を援助するよう命じた。 ○新羅は五万の兵を率い唐軍に呼応、七月、百済の義慈王熊津城に立てこもり王子隆は王城を出て降伏。 ○九月、唐軍一万、泗沘城にとどまり、新羅兵七千人がこれに加わった。
六六一	斉明7年	○正月、斉明天皇、西征。七月、朝倉の宮で崩御。皇太子娜の津（博多）に。	

著者紹介
大平　裕（おおひら　ひろし）
1939年生まれ。東京都出身。東京教育大学附属高校より慶應義塾大学法学部政治学科へ進み、62年古河電気工業に入社。同社海外事業部第一営業部長、監査役、常任監査役を経て2001年退社。現在は大平正芳記念財団の代表を務める。
著書に『日本古代史 正解』『日本古代史 正解 纒向時代編』『日本古代史 正解 渡海編』（以上、講談社）、『暦で読み解く古代天皇の謎』（ＰＨＰ研究所）がある。

この作品は、2013年９月にＰＨＰ研究所より刊行された『知っていますか、任那《みまな》日本府』を改題し、加筆・修正を加えたものです。

PHP文庫　「任那《みまな》」から読み解く古代史
朝鮮半島のヤマト王権

2017年3月15日　第1版第1刷

著者	大平　裕
発行者	岡　修平
発行所	株式会社PHP研究所
東京本部	〒135-8137　江東区豊洲5-6-52
	文庫出版部　☎03-3520-9617(編集)
	普及一部　☎03-3520-9630(販売)
京都本部	〒601-8411　京都市南区西九条北ノ内町11
PHP INTERFACE	http://www.php.co.jp/
組版	株式会社PHPエディターズ・グループ
印刷所 製本所	図書印刷株式会社

ISBN978-4-569-76691-1

PHP文庫好評既刊

政治力の差が明暗を分けた「戦国大名」失敗の研究

瀧澤 中 著

「敗れるはずのない者」がなぜ敗れたのか？　強大な戦国大名の〝政治力〟が失われる過程から、リーダーが犯しがちな失敗の本質を学ぶ！

定価　本体七二〇円（税別）

PHP文庫好評既刊

日本人だけが知らない「本当の世界史」

なぜ歴史問題は解決しないのか

倉山満 著

なぜ、日本は〝敗戦国〟から抜け出せないのか？——新進気鋭の憲政史家が、歴史認識を根本から改める覚悟を日本国民に迫った戦慄の書！

定価 本体六二〇円（税別）